目次

はじめに

今、私達人類は地球規模での大転換時代を迎えています。

過去、1000年かけて起こっていたような変化が、この数年であらゆる分野・業界で一気に起こり、地球環境そのものも変化しています。

世界中で大地震や大型台風、津波、ハリケーン、火山の噴火も頻繁です。世界ではこれらの異常気象の原因は地球温暖化だと言われています。確かに、その要因もあるかもしれませんが、果たしてそれだけが、全ての根本原因と言えるのでしょうか?

更に2020年は、コロナウイルスによる世界的なパンデミックが勃発しました。いよいよ人類は、これまでの在り方、生き方から、地球規模でのシフトを促される大転換時代に突入したと言えそうです。

これからお話しする宇宙人生理論では、今起こっていることは全て、私達の「宇宙のプログラムが大きく変わっている」ことによるものとして伝えています。

人類史上、経験したことがない、全ての認識や価値観が、180度変わっていく、宇宙規模での地球と時代の変化とは、一体どのようなものなのでしょうか？

なぜ、私達はこの過酷なまでの変化を促される時代を選んで、この地球に生まれてきたのでしょうか？　今の大転換時代と、いずれくる新たな時代をより良く生きるには、これから何を認識しておけば良いのでしょうか。

そして自分自身の運命プログラムを知ることで、今回生まれた目的や方向性を知り、運命をレベルアップすることで、自分らしく今をより良く生きる。その為の道具として創り上げた、NE運命解析学とは何かをお話ししていきたいと思います。

第1部　新たな時代の宇宙法則「宇宙人生理論」

第1章　宇宙規模でのとてつもない大転換時代の幕開け

今の時代の変化は世の中で言われているような70年や、１００年、８００年に一度と言われる単位の変化ではありません。私達の宇宙のサイクルでいうのであれば、約２５００年に一度、更に俯瞰した視点でいうのであれば、７京年に一度という途方もない宇宙の廻りの単位が重なっている変化だと言えるのです。なぜ、そんなことが言えるのか？　きっとそうお感じになる方もいるかと思いますが、宇宙人生理論では、そのことを解き明かしています。これから、徐々にそのことについてお話ししていきたいと思います。

まずは、時代は間違いなく変化しているという事実から、お話ししましょう。時代の変化を分かりやすくするために頻繁に使うのは、２５００年前から続いていた、これまでの時代のことを「夜の時代」これからはじまる２５００年の新たな時代のことを「昼の時代」と定義します。

今は、夜の時代の終焉期のエネルギーと、昼の時代の黎明期のエネルギーが強烈に交じり合って攻防戦を繰り広げているような過渡期の時期なのです。

スピリチュアルの概念では地球が次元上昇して次のステージへ移行することをアセンションと言っていますが、これからお伝えする「宇宙人生理論」では、文明、時代そのものの大変化が、大宇宙のプログラムとサイクルのシフトにより起こっているという内容を、論理的に具体的にお伝えしていきます。それにより今後、地球や世界、私達の日常に至るまで何がシフトしていこうとしているのか、それを明確に落としこんで、過渡期の今をより良く生きる指標にして頂ければと思っています。

●宇宙人生理論とは何か？

昨今、ようやく多くの人が、時代はこれまでとは何かが大きく変わってきていると感じ始めています。私は２００５年頃から、時代が宇宙規模で大きく変わることを主軸にセミナーなどを開催していたのですが、その当時は、この本の中で書き記しているような変化の話をしても多くの人々は「何のことやら」「眉唾物」という受け止め方をする方のほうが多かったのです。しかし、今では、このような内容の話をすると、むしろ多くの人が、ようやく答えを見いだせたと納得したり、深くうなずいたり、生き方を修正する方々も増えてきました。

実際、自然環境にしても社会構造にしても、地球規模でこれまでとは考えられないほどの気象異常や、頻繁に起こる地震・津波・大型台風・ハリケーンといった自然災害が多発し、地球規模で確実に何かが大きく変わりはじめています。その変化は地球レベルではなく、私達の宇宙のプログラムが大きくシフトし、更に「夜の時代」から「昼の時代」へとサイクルがシフトしていることから発生しているといえるのです。

「宇宙人生理論」と言うのは、私達の宇宙のプログラムとサイクルが大きくシフトしたことによる新たな宇宙法則に基づき、人々が幸せになる為の理論と定義し、サイクルがシフトする以前の、夜の時代の幸せになる為の生き方を「地球人生理論」としています。

宇宙のプログラム自体が大きくシフトしているのですから、当然ですが、地球も世界も時代も連動してシフトが起こります。

私達の思考、生き方、日常の生活スタイル、幸せになる価値観や、考え方さえも、これまでにないほど180度のシフトを促されることになります。具体的に、何がどのように変わろうとしていくのか。宇宙のプログラムとサイクルのシフトから起こるあらゆる事象、人間の心理、生き方、見える世界や社会の変化、見えない領域の変化、今後どのような世界に向かおうとしているのか？　をお伝えします。

●私達と同じ宇宙は73兆個ある!?

宇宙人生理論は、マクロ的な全ての大本、唯一無限の領域とされる外宇宙、無・大宇宙から、私達の有・小宇宙に至るまでの構造と成り立ち、更には、現実的な人々の生き方の具体的な変化やミクロレベルでの微生物や細菌が及ぼす影響といった膨大な内容まで網羅し、且、全ては関連して起こっていることと紐解いています。

ここで「私達の宇宙」という表現を使うのは、実は宇宙はひとつではなく、大本の無限の領域から派生した大本の「原因」としてのム・外宇宙と、更にその「結果」としてのワイと呼ばれる大宇宙があり、そこからさらに泡のように発生した多重構造の12個の有・宇宙があると言われているからです。（図2参照）

私達の宇宙はその中の９番目のワワコ大宇宙の中に内包されたワワヨ小宇宙のひとつで、同じ宇宙は、他にも73兆個あると言われています。

図１　【ワイ・正常だけが存在する宇宙】

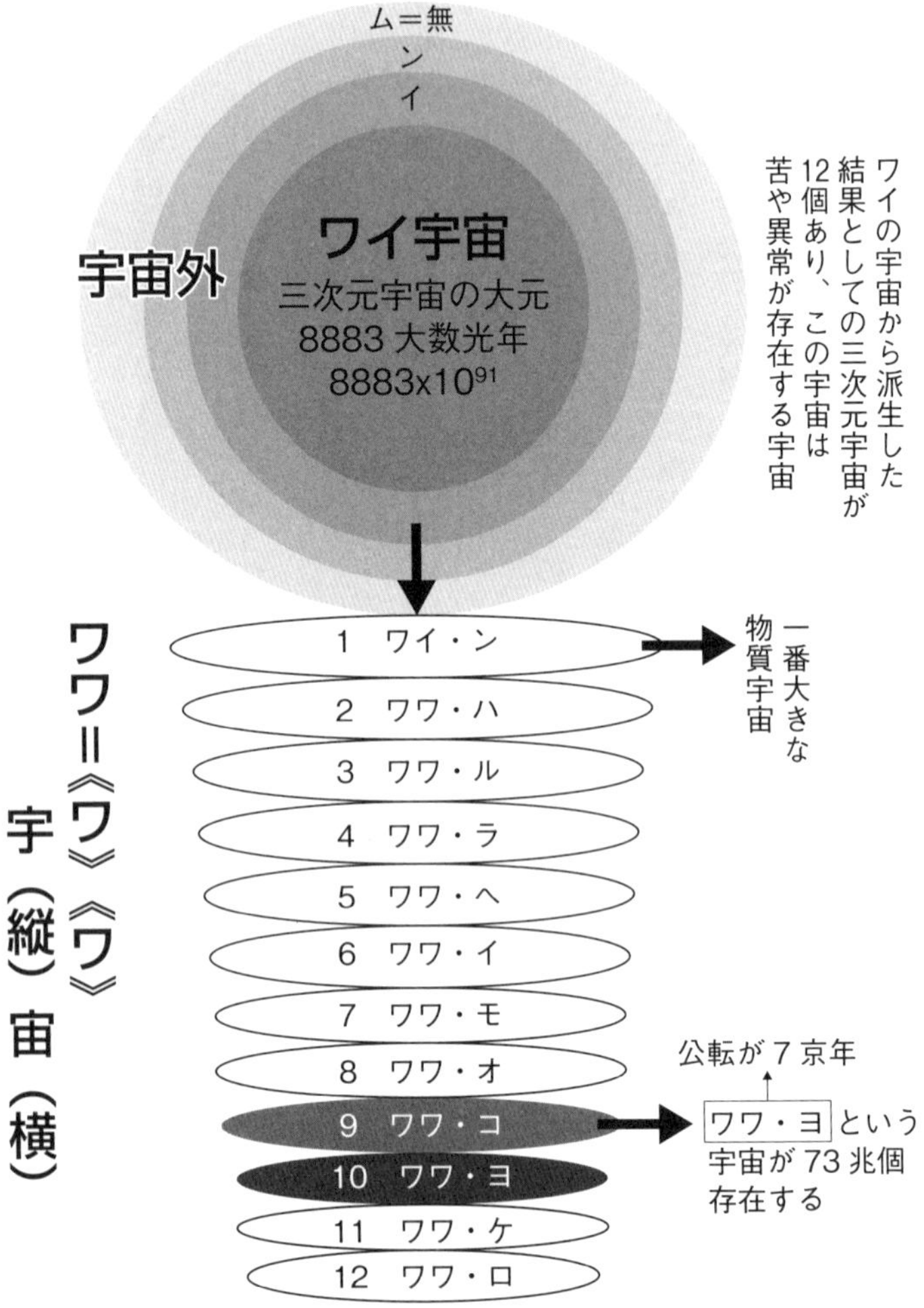
ム＝無
ン
イ
宇宙外
ワイ宇宙
三次元宇宙の大元
8883 大数光年
8883x10⁹¹
ワイの宇宙から派生した結果としての三次元宇宙が12個あり、この宇宙は苦や異常が存在する宇宙
ワワ＝《ワ》《ワ》
宇（縦）宙（横）
1　ワイ・ン
2　ワワ・ハ
3　ワワ・ル
4　ワワ・ラ
5　ワワ・ヘ
6　ワワ・イ
7　ワワ・モ
8　ワワ・オ
9　ワワ・コ
10　ワワ・ヨ
11　ワワ・ケ
12　ワワ・ロ
一番大きな物質宇宙
公転が７京年
ワワ・ヨという宇宙が73兆個存在する

その73兆個を太陽のように、中心で照らす、于由《うゆう》の光という光源があり、私達の宇宙はその周りを自転しながら、公転していると言われています。私達の宇宙の1回の自転の年月、つまり1日は５０００年。于由の光の周りを公転する年月は約7京年と言われています。

●宇宙のプログラムのシフトとは

宇宙も果てしない年月をかけて進化する広大な生命体です。常に新たな進化の形質を獲得し、更なる領域へアップグレードしています。私達の宇宙は7京年の公転を宇宙が発生した段階から、11回繰り返し、11回目の公転のプログラムを終え、今、新たな12回目の7京年のプログラムに突入しています。

そのプログラムが始まったのが、１９９４年8月のことだと言われています。ここから宇宙は12回目の新たな7京年のサイクルに入り、これまでのプログラムとは別な宇宙のプログラムで始動し始めたことになります。(図2参照)

あまりに果てしなく、途方もない内容なのですが、宇宙のプログラムが変わり、ルールが変わったということは、その中で生きている私達の現実の日常にも即座に連動してきます。

図２　【私達の住んでいるワワ・ヨ（137億光年）宇宙のプログラムがアップグレードした】

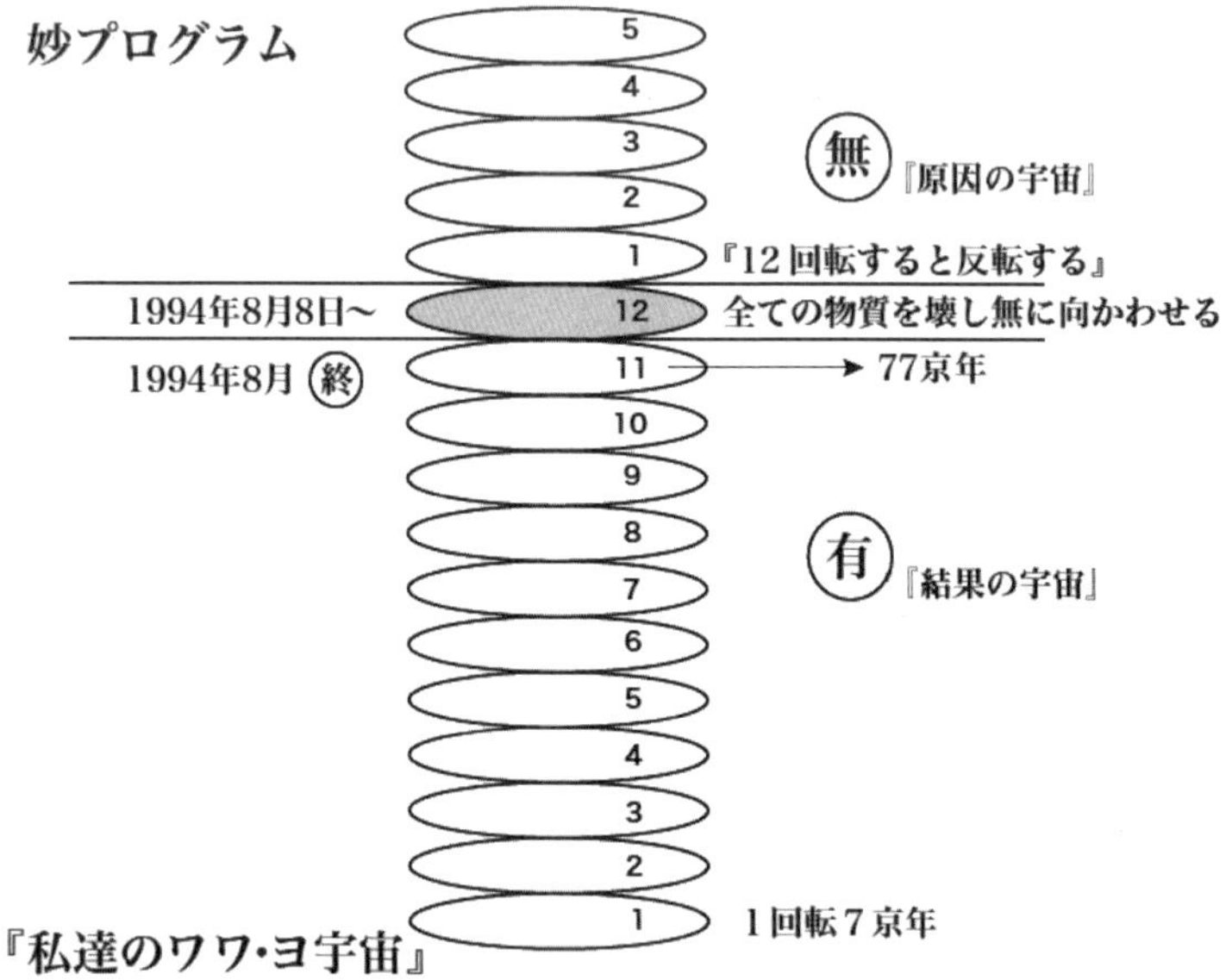

『二重構造の宇宙』

図3

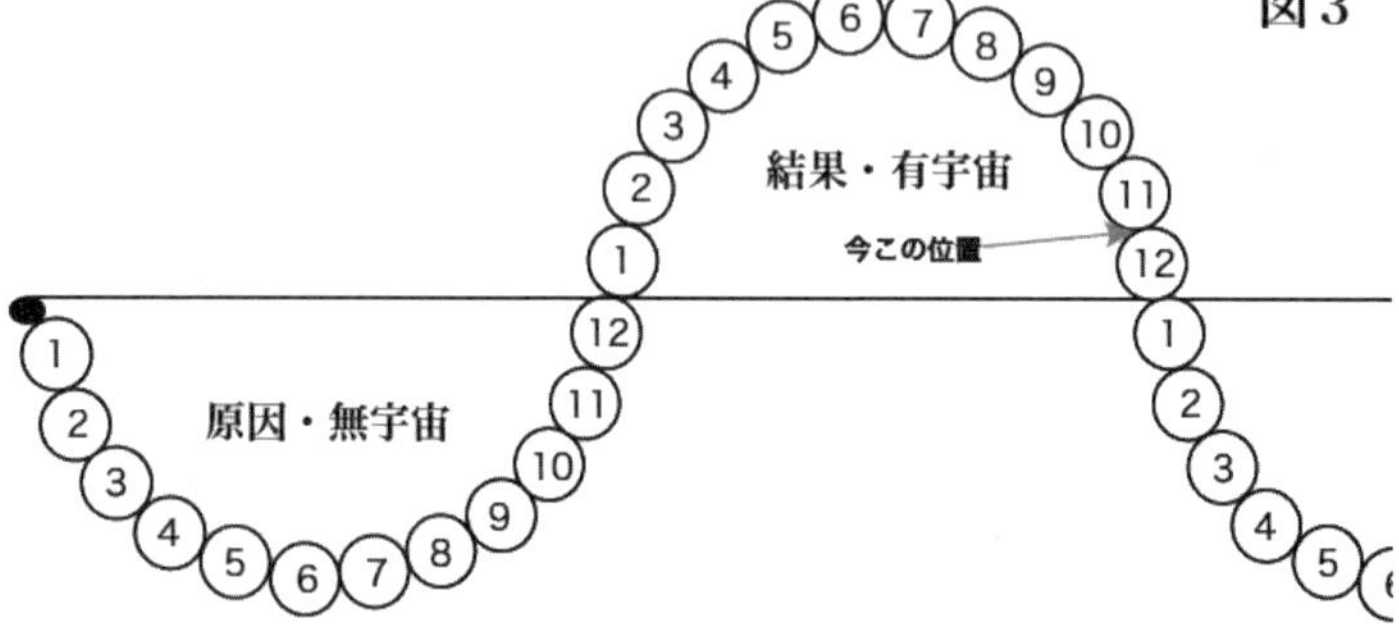

図３

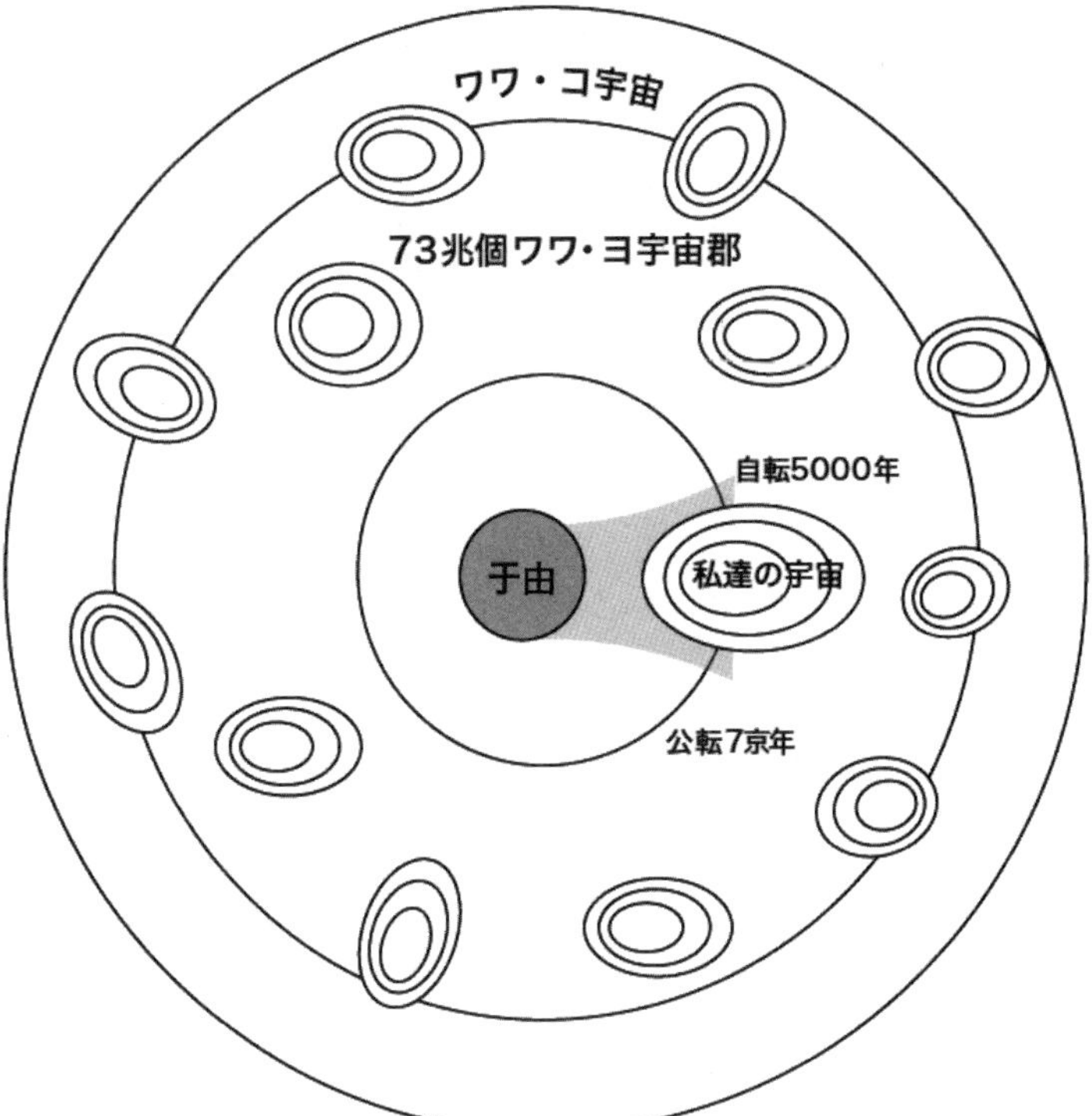

実は、このプログラムのシフトのひとつが今や、私達の現実世界にも大きく現れてきていて、すでに世界の認識では誰もが目の当たりにしている現実なのですが、それは、数ページ先でお話しすることにして、もう少し規模を縮小して、私達の宇宙の自転により起こっている現実的な時代の変化のお話をしていこうと思います。

●宇宙は「夜」から「昼」の時代へとサイクルがシフトする

まず、この図4を見てください。これは、私達の宇宙を表した図です。

宇宙の中に私達が住む地球があります。地球と太陽の関係というのは、太陽の周りを地球が24時間かけて自転しながら、365日かけて太陽の周りを公転します。

水金地火木土天海と、子供の頃、覚えたと思いますが、地球以外の水星や金星、火星、木星も地球と同じように、太陽を中心に回っています。その仕組みを太陽系と呼びますが、太陽系も同じように、銀河の中心に対して、自転しながら、公転をしています。

図にも示していますが、太陽系のような仕組みが1千億集まったものを「銀河系」と言います。更に銀河系もその先にある中心に対して、自転しながら、公転をしています。その仕組み

図４

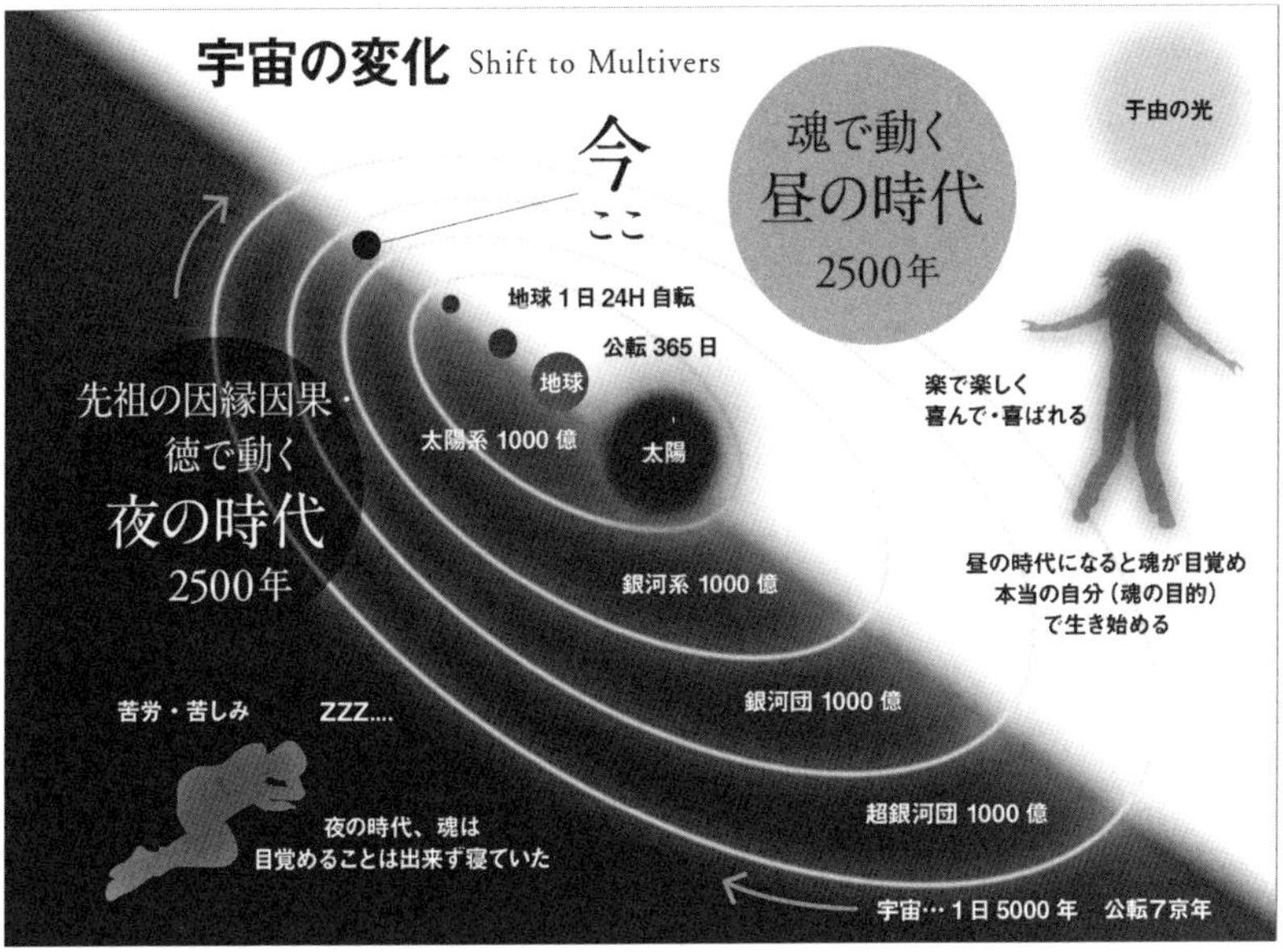
宇宙の変化 Shift to Multivers
今
ここ
魂で動く
昼の時代
2500年
于由の光
地球１日24H自転
公転365日
地球
太陽系1000億
太陽
先祖の因縁因果・
徳で動く
夜の時代
2500年
楽で楽しく
喜んで・喜ばれる
昼の時代になると魂が目覚め
本当の自分（魂の目的）
で生き始める
銀河系1000億
銀河団1000億
苦労・苦しみ
ZZZ....
超銀河団1000億
夜の時代、魂は
目覚めることは出来ず寝ていた
宇宙…１日5000年　公転7京年

が約1千億集まったものを「銀河団」と言います。

更に、その仕組みが約1千億集まると「超銀河団」そして、また更に、その仕組みが約1千億集まると、初めて「私達の宇宙」となります。惑星や周りの星々を照らす恒星の太陽の関係と同じように、私達の宇宙にも「于由《うゆう》の光」という宇宙全体を照らす中心の光源があると考えられています。物質の太陽と同じ光源とは考えにくいのですが、于由の光という光源に対して、他の宇宙も、自転しながら、公転しているのです。(図3参照)

私達の宇宙の1日の自転のスパンというのは、5000年と言われ、公転するスパンは7京年という途方もないスパンだと言われています。なぜ、そんな果てしないことが分かるのでしょうか…?

ものごとの成り立ちの根源、森羅万象の仕組みというのは、全て同じ法則に貫かれていると考えられます。「全体は、同じ形の一部から成り、一部は全体の形を成す」フラクタルパターンの定義がそれを言い表しているかもしれません。

物質を小さく、小さくしたミクロの世界でも、原子核の中心の周りを、中性子や陽子が、くるくると回りながら、物質を形成しています。マクロもミクロも、森羅万象の仕組みは「1つの同じ法則」に貫かれているといえるのです。

銀河も宇宙もＤＮＡもフィナボッチ数列も螺旋状、お風呂の栓を抜いた時も水は螺旋状になって流れていきます。螺旋の動きは生命のエネルギーを促す基本的な働きなのかもしれません。

ちなみに、私達の宇宙を照らす光源の亐由《うゆう》の光の亐由という字に、ウ冠を付けてみて下さい。「宇宙」になります。つまり、宇宙には、天井があり、亐由の光には天井がない＝私達の宇宙よりもはるかに、無限という意味になります。

宇宙のサイクルの変化を更に詳しくお伝えすると、地球の一日と宇宙の１日を対比すると分かりやすいといます。地球の１日は24時間です。ざっくりと計算すると、太陽の光が当たっている時間は12時間、当たっていない時間は12時間とすれば、通常、太陽の光が当たっているところを「昼」と言い、当たっていないところを「夜」と言います。

私達の宇宙も同じように、亐由の光が当たっている２５００年間を「昼の時代」、当たっていなかった２５００年間を「夜の時代」と定義しています。そうすると、１日の中でも、通常、昼と夜では生活のスタイルや選択が全く違うように、宇宙も亐由の光が当たっている昼の時代と、当たっていない夜の時代では、人々の価値観も生き方も、時代も、文明そのものも、全てが変わってくるのです。

実際に、夜の時代、人々の魂は目覚めておらず、いわば深く眠りこけていたようなものでした。しかし、昼になると多くの人々の魂は目覚め、本来の魂の目的の元、自分の人生を生きられる可能性が高くなる時代でもあるのです。

では、今、現在、私達がどこにいるのかというと、図4の「今ここ」と書いてあるところです。夜から昼に変わる過渡期にいるのです。宇宙の7京年の公転が新たな公転に入り、且つ宇宙の自転のサイクルも、夜が2500年続いた時代から、昼の2500年が始まる全く新たな時代に突入する、とてつもない大変化の中にいるといえるのです。

ちなみに、夜の時代の始まりである、2500年前に幾人かの有名人が出ています。誰だかお分かりでしょうか？　お釈迦様や孔子、老子という聖人と言われる方々です。彼らは、当然ですが、色々なことを見越していた人達です。この夜の時代というのは、残念ながら、苦労と苦しみの時代で、人々は幸せには、なかなかなれない時代だということが、分かっていたのです。だからこそ、彼らのような人達が生まれ、夜の時代の人々が、苦しみから少しでも解放され、光明が得られるように様々な教えや道を、多くの例を用いて一生懸命に説いてくださったのです。

●地球規模で起こっている人々の不都合な症状の理由

昨今、次のような状況の人々が爆発的に増えています。この本を手に取っていただいたあなた自身もそうかもしれませんし、あなたの周りでも、当てはまる人が多いかもしれません。実は、全て時代の移行期における魂特有な事象と言えるのです。

・突然会社を辞めた人、会社を辞めたいと思っている人
・会社に行くと鬱になり、自宅に帰ると元気になる新型鬱病と診断される人
・将来不安を感じて鬱になる人
・リストラされた人、会社が倒産した人
・学校に行けない、もしくは、行かない子供達
・老いも若きも原因不明の体調不良の人

・どういうわけか夜眠れない人
・突然病気と診断された人
・親子の問題、夫婦の問題、人間関係で悩む人
・離婚した人
・人間関係がガラッと変わった人
・経済が行き詰まりそうな人
・人生の方向性が分からなくなった人
・自分の魂の目的を知りたがり、精神世界、スピ系にハマる人

ここに記した以外でも、人生における一見、不都合な状況に遭遇している人々が、とても多くなってきています。

私が主催する未来塾というセミナーでも、このような方はいますか？　と質問をすると、昨今では多くの人が、何かしらに当てはまり、手をあげます。

●会社や学校に行けない人達の原因

その原因は、努力が足りないということではなく、その多くは、これまでの時代から、新たな時代へと、環境適合する為に、魂も肉体も精神もシフトしていこうとする、過渡期の時代特有な症状ともいえます。

今、私達は、宇宙のサイクルが大きく変わり、文明そのものがシフトしていく時代の只中にいます。そのシフトは今までの価値観のみならず、これまでの社会構造から、人間関係、しあわせになる考え方、肉体の細胞レベルに至るまで、浄化を伴いながら、１８０度大きく変わるというものです。

特に、これからの昼の時代には、働き方やしあわせになる価値観も大きく変わります。名誉や地位、お金の為だけで、組織のコマになって、長く働くという生き方は、魂的にとても抵抗を感じ始めていくのです。

于由《うゆう》の光という人々を目覚めさせ、時代を変えていく光が、宇宙の中心から、徐々に地球上に遍満しつつある中で、多くの人は魂が目覚めつつあり、これまでの時代の価値観の、自分の個性を出さず、盲目的に「信じて従う」組織の環境の中で、自分の労力とエネルギーと時間を提供して、お給料をもらうという働き方そのものに、違和感を感じつつあるのです。

更に、これまでの学校教育というのも、今までの働き方に準じる為の教育であり、教えられる学問自体も、夜の時代の価値観がベースになった学問です。今、生まれている子供達の多くは、昼の時代の感覚や、魂を持って生まれている子が多い為、夜の価値観がベースになっている学校教育は馴染まないことが多いのです。登校拒否児や不登校の子供も年々増えていますが、その子達は、時期が来れば、きちんと自分の魂の目的において必要なことは自ら学び、行動していくので、本来、心配することはないのですが、親があまりに心配したり、強引に学校に連れていこうとすると、却って親子の間に亀裂が入っておかしなことになっていきます。

会社に行きたがらない人、学校に行けない子供、なぜ行けないのか…その感覚に、世の中の理屈や常識が、残念ながらまだ伴っていません。それ故、当事者本人も、そんなことを思う自分がおかしいのではないかと、その感覚に蓋をして、世の中に合わせようとします。そして、がんばって会社や学校に行くようなことをしていると、いよいよ、魂が軌道修正を促し、身体を不調にさせたり、鬱と診断されたりしてしまうのです。

魂から来る身体や心の声を聞かずに、相変わらず、今まで通りの生き方をしていると、今度は、本当に病気になったり、ケガや事故に遭遇するという、ボリュームの大きな気づかせの事象に遭遇していきます。

それは、本来、おかしいわけでも病気などでもなく、早い時期から魂の目覚めが起こりはじめ、これまでの生き方から新たな昼の時代の生き方へと軌道修正がかけられている人々へのサインであることのほうが多いのです。世界的なパンデミックとなったコロナウイルスにより人々の目覚めは一層、拍車がかかっていくことでしょう。

●人間関係にもシフトが起こる

また、人間関係が大きく変わるのにも理由があります。宇宙人生理論では、これまでの身近な縁というものは、夜の時代を輪廻転生している過去世において敵同士の関係が多かったと言っています。これまでの夜の時代の地球の歴史は、争い、紛争、戦争がなくなったことが、1秒たりともありません。そんな地球の中で転生を繰り返している私達は、誰もが、家や土地やお金、大事なもの、強いては命まで、奪った、奪われた、その恨みつらみを繰り返し抱いてきています。誰もがそういった魂の記録を持っているのです。

それが因縁因果のカルマ（魂の罪状）となっています。宇宙法則として、それらのカルマの波動の浄化装置として、今世生まれる時には、どこかの過去世で一番、大事なものを奪ったカルマを抱えるもの同士を、一番身近な結婚相手や、嫁姑、時には親子、兄弟姉妹、会社の上司部下、友人、知人、ご近所住民などの、因縁因果の縁として出逢わせ、そこでカルマの浄化昇華を図るという仕組みになっていたのです。

カルマと言うのは、無自覚の反応により起こる、自分も人も良くしない、感情、思考、行動、時に出来事として、立ち現れます。今世こそは、このカルマが浄化昇華されるために、まずは人間関係の中で、自分が作ってしまったカルマの自覚を促す為に、吹き出るのです。

その時に、感情的なものだけに巻かれ、相手のせいにしたり攻撃をしたりすると、また同じカルマの種を蒔いてしまい、更に刈り取る必要のあるカルマのボリュームが大きくなります。カルマが吹き出た時は、自分のカルマをこの人を通じて今刈り取らせていただいているのだと、心のどこかで思える理性を宿し、今度こそは互いの因縁が昇華され、この相手がしあわせでありますようにと祈るようにすると、その因縁は終わっていくのです。

●赤い糸の秘密

ちなみに、これまでの結婚相手の８割は、過去世において敵同士といわれます。特に、恋愛で好き…という感情は、敵同士だった時の感覚を一時消去させ、縁として結びつける接着剤のような働きをします。大恋愛というのは、昔は「赤い糸」で結ばれたとロマンティックな言われ方をしますが、実は赤い糸というのは、敵同士だった魂のカルマを解除する為に今世「否応なしに引き合わせ、カルマを昇華させるための媚薬」で引き寄せられた関係でもあったのです。

今、離婚する人も増えてきていますが「夫が浮気して、夫を取られた、私はこんなに苦しいのに」というような修羅場のような状況に陥っている方もいます。

その場合は、この世的には感情の気が済むように裁判だろうが何だろうがおやりになるのも良いかと思いますが、だいたいそのような苦しみは、因果律の法則から言えば、過去世のどこかで自分が相手に与えた「蒔いた種を刈り取る構図」になっていることがほとんどなのです。

どこかで相手に与えた痛みと同じ痛みを経験して今、その因果を浄化昇華させてもらっているのか…と理性で少しでも思うことができると、感情は、すぐに消えなくともまた、蒔いた種を刈り取ることなく、更にカルマの種を巻き散らかすことにはならず、これで因縁因果は終了します。

因縁因果の縁が昇華されると、その後に、敵同士の縁ではなく、魂の方向性を同じくしている魂同士の縁というものに出逢っていきます。その縁で、新たな昼の時代は、楽しく自由に生きていくということになるのです。

●原因不明の体調不良にも理由がある

地球は于由の光の密度が濃くなれば濃くなるほど、昼の時代へと移行していきます。移行するということは、世間一般に認識されている言葉でいえば、次元上昇、アセンションと同じ意味になります。例えば、これまでの夜の時代を、3次元の物質重視の重い波動の世界だったとすると、昼の時代は5次元、更には6次元以上の精神波動重視の軽やかな波動世界へと移行していきます。それは、環境そのものが変化していくということになるのです。

人間は環境適合動物です。夜の時代の環境の波動に適合していた肉体から、これからの昼の時代の環境の波動に適合していくために、肉体も細胞レベル、DNAレベルから徐々にシフトを促されているといえるのです。

そのシフトが進むと、これまでの夜の時代用の肉体を作っていた細胞が入れ替わったり、古い傷や、溜まった感情の放出、浄化の為に、痛みや、だるさ、様々な不快な症状として現れることもあるのです。中には、過去世での刀傷や死に至った時の傷や痛みもエネルギー的な浄化として現れることもあるようです。

宇宙人生理論では、この時期、肉体のシフトをスムーズに促すためには、出来るだけ、夜の価値観でジタバタと動き過ぎずに、８時間以上はよく寝ることだと伝えています。于由の光が遍満するのと同時に、私達の肉体を昼の時代用にシフトさせていくウイルスや菌が活発に動きはじめ、人間のＤＮＡを書き換え、昼の思考や肉体に適合するタンパク質にシフトさせていくと言われているのです。

新たな自然環境に適合するには、ウイルスや微生物の働きが必要なようです。今回のコロナウイルスも実は、私達を昼の時代へと環境適合させていく役割を一部担っているのです。私達は、そういう自然界の働きがあることを理解しつつ、過渡期の今を難なく生きる、日々の生き方、選択が大事になってくるといえそうです。

●宇宙のサイクルのシフトによる時代と生き方、ルールの変化

ここからは更に具体的に、時代が夜から昼に変わる事で何がどのようにシフトしていくのかをお伝えしていきます。

この図は、夜の時代から昼の時代へとシフトすることによる変化の一部を表したものです。その具体的な変化は、あらゆる面で膨大にあるのですが、次の図5は、私がセミナーなどで比較的よく使い、分かりやすいものを上げています。

①〈時代の変化〉

「夜の時代」から「昼の時代」へシフトします。

②〈文明の特徴〉

夜の時代の2500年の特徴は、私達の今の暮らしが、非常に便利になったように、物質の豊かさを人々が享受できる物質文明を作り上げることにありました。ただし、夜の時代の科学技術は、まだ3次元で認識されている物質をベースにした幼いテクノロジーと言えます。故に低物質文明なのです。昼の時代になると、見えない量子次元の研究も更に進みますが、行きつ

くところは、意識領域となり、昼の時代は物質に重きを置くよりも、精神性や霊性といったものを高めることに移行していきます。

③〈社会の構造〉

「一方向性社会」と言うのは誰もが皆、同じような生き方、働き方、方向性を暗黙の内に強いられ、そこから外れる人は、相手にされないという社会構造でした。「全方向性社会」とは、多様性時代という言葉が表すように、しあわせになる生き方も、働き方も、方向性も皆、違ってＯＫ、自分の個性を生かし自由に生きることができる社会構造です。

④〈働き方〉

ドリフターズバージョンというのは、夜の時代の働き方の例です。トップダウンの組織に属し、いつもトップに従い、いかりや長介さんが主役でいて、下には、長さんの言うことを、はいはいと聞き労働を強いられる、主役を張れない人々が配置されている（実際はケンちゃん、カトちゃんは主役級ですが…）主役を張れないトップダウンの下にいる人は、嫌でもなんでも、生きる為には偉い人の指示で働き、月に一度、自分の時間と労力とエネルギーを提供することと引き換えにお給料、という経済が回るという働き方を示しています。

図5　宇宙のサイクルのシフトによる時代と生き方の変化

	今までの2500年 地球人生理論	今 移行期	これからの2500年 宇宙人生理論
1 時代の変化	夜の時代		昼の時代
2 文明の特徴	低物質文明		高度精心文明
3 社会の構造	一方向性社会		全方向性社会
4 働き方	ドリフターズ（トップダウン）		嵐バージョン（フラット）
5 時間の認識	過去→今→未来		未来→今→過去（同時）
6 人間の構造	先祖の信号、因縁因果・徳を受信する構造		魂の信号を受信する構造因縁因果や徳は消える
7 人間の思考	信じて従う		自立
8 環境の働き	束縛		創造性
9 縁の変化	因縁因果の縁		魂レベルの縁
10 運命	決定論		認識論
11 生き方	外に合わせて生きる		自分を知り活かす
12 魂と繋がる	観念（エゴ）で繋がらない		観念（エゴ）が薄らぎ繋がる
13 魂の目的	知る必要なし		知ることで生かされる

嵐バージョンは、トップダウンではなくフラットで自由な働き方の例です。

嵐は、誰かひとり主役級がいるというより、みんな主役を張ることができます。各々、持っている才能があり、一人でも主役として活躍できるということです。常にグループでいなくても、他のプロジェクトがあれば、自在にそちらに参加して自らの才能を生かします。

自分の才能や個性が明確で、それを磨き、多くの人はインターネット環境を通じ価値として、縁ある人や社会に提供することで、常に必要な恵財は必要以上に、人を通じて、宇宙自然から廻るという働き方といえます。

⑤〈時間の認識〉

昼になると時間の概念や認識も変わります。時間は過去から今、未来に進むという認識だけではなく、時間と空間は、今に全てある、という認識を持つ人や、未来の目的から、今に時間が流れるという認識を持てるようにもなります。

時間には2つの時間があります。世の中の暦で流れる時間と自分の生命、魂の目的で生きる時間です。昼になればなるほど、世の中の暦に合わせて生きている人には、時間はとてつもなく早く感じられていきますが、自分の魂の目的の元に生きている人には、時間の概念は今、この連続という感覚に変わってくるようです。

⑥〔人間の構造〕

人間は意識の複合体ともいえます。私達が「自分」と思っているのは、自分のみならず、実は、自分以外の様々な信号から感情や思考に影響を受けているのです。夜の時代に最も影響を受けていたのは、家系のご先祖の信号や過去世のカルマのクセからのものでした。それは時に自分の意志よりも強くコントロールされていました。心理学ではそれを潜在意識と呼んでいます。昼になれば、それらの信号は徐々に薄くなり、自分の魂からの信号に移り変わってきます。

⑦〔人間の思考〕

夜の時代は、一方向性社会だったので国や政治家、学校の教育、企業のトップ、自分より上の人、親や先生、先人達の言うことをよく聞き、自分を出さず、信じて従うという能力さえあれば、人生は、それなりに上手くいったのです。昼の時代は、これまでの価値観や前例は通用しない時代です。自分の魂の目的に沿った人生は、自ら学び、魂の目的の元に、自立していく全方向性社会です。誰かに答えを常に求め依存して、信じて従い生きるだけでは、人生迷子になる時代です。

⑧〔環境の働き〕

夜の時代は環境や空間そのものが、人々を一方向社会に向かわせる為、枠や型の中で束縛させていくエネルギーでした。昼の時代になれば、環境や空間そのものが、自由に人生を創造していける大きなキャンパスのようなエネルギーになります。ただし、その人が自由になれることに気づかず、夜の価値観の元に相変わらず、束縛されていると思い込んでいると、その現実を人生で、創造していくことになるので注意が必要です。

⑨〔縁の変化〕

これまでの縁は、身近な縁であればあるほど、家系や過去世における因縁因果の縁、いわば敵同士の縁が多かったといえます。故に人が集まるといつしか争いが絶えなかったのです。しかし、これからは魂の年齢や方向性が同じもの同士の縁に変わっていきます。方向性が同じなので、そこに照らし合わせコミュニケーションを取れば、争いは発生しにくく平和的に物事が進むようになります。

⑩〔運　命〕

夜の時代の思考や感情は、繰り返してきた輪廻転生での感覚や思考、感情のパターンに陥りやすいといえました。今と違って、そういう背景を知る情報はほとんど知ることはない時代です。運命とは過去世や家系の因果律に基づいて書かれているシナリオですから、そのシナリオのまま人生を毎回毎回踏襲するパターンが多かったのです。

故に、高度な運命学は決定論の如く良く当たったのです。昼の時代は繰り返しの運命から脱却し、運命をレベルアップさせていく時代です。運命のシナリオに基づいた決定論ではなく、過去世からの反応や感情に任せ、物事を選択するのではなく、運命がレベルアップすることを学び、認識や考え方を、再選択することで運命さえもレベルアップする時代なのです。

⑪〈生き方〉

夜の時代は、一方向性社会でしたから、そこからはみ出ないように、外部に自分を合わせて生きることが無難な生き方と言えました。昼の時代は、全方向性社会です。自分の魂の目的や自分自身が何者で、どういう生き方をしたら、しあわせになるのかは、皆違ってきます。

より良く生きるには、人や外部に合わせるのではなく、自分の軸で生きる事、その為にもどんな運命プログラムを持っているのか、まず自分を知ることが、重要になってきます。

⑫〔魂と繋がる〕

夜の時代は、魂は寝ていたといえます。その為、主に繋がっていたのは、家系の先祖や、自分達を生かす担当ガイドという元、人間達でした。彼らは守ることもしましたが、家系や、夜の時代のルールから外れないようにコントロールもしていたのです。昼になると、そのシステムも徐々に薄らぎ、本来の魂が目覚め、直接、魂の信号を受け取れるようになってきます。そうしてはじめて、自分らしい魂の目的の元に自立した人生が送れるようになってきます。

⑬〔魂の目的〕

夜の時代を生きた人々は、魂の目的を知る必要はありませんでした。それよりも、夜の時代を作り上げてきた神や先祖の目的の元、そこに信じて従うことが目的となっていたのです。昼の時代になれば、本当の自分の魂の目的の元に自由に生きられるようになります。

●3種の神器のシフト

更に夜の時代の宇宙のルールの特徴を象徴的に言い表す言葉があります。それを「3種の神器」といいます。鏡・玉・剣に象徴されていますが、昼の時代の宇宙のルールは3種の神器を象徴する言葉が本・輪・器へと大きく変わっていきます。夜と昼では、人々がしあわせになるルールが違ってくるのです。（図6参照）

図6 【宇宙のルールの変化】

	宇宙のルール 1	宇宙のルール 2	宇宙のルール 3
夜の時代（祖）	鏡＝宗教 信じて従う ウソ騙し	玉＝経済 お金＞命 嫌なものや、ことでも、お金のために働いた	剣＝権威・権力 偉い人と繋がること 権威権力、パワー、多数決、秀才、武力、先祖の力量
昼の時代（皇）	本＝自ら学び学習し創造性を発揮する 自立（魂の目的で立つ）	輪＝スピリチュアリティ （生き心地の良い縁や環境） グループ、コミュニティ 人生の方向性を同じくする人々と過ごす	器＝自分自身（魂）と繋がる テクノロジー、サイエンス インターネット、魂の器、役割で生きる天才、AI、ロボット

《昼の時代は3種の神器が変わる》

●夜の時代に人々が生かされた宇宙のルール

①鏡

トップダウン構造の支配者に人々は信じて従うという意味。人間が進化して最初に行きつく神は「尊神」という太陽に住む神だといわれます。故に夜の時代の人々は古来から太陽神を崇め、全ての宗教はそこがベースとなり、権力に移り変わり、人々は従っていきます。信じて従う人々を支配しトップに君臨するのは、常に嘘だましが上手な人々でもありました。

夜の時代は本当のことを言ってしまうと、なかなか生きにくく「正直者は馬鹿をみる」時代でした。故に「本音と建前」を世渡りの為に使い分けたのです。昼になればなるほど、嘘はすぐにバレてしまう時代です。

②玉

命よりもお金の方が大事という時代。神官や王様が付けていたのは玉や金。権力が大きいほどそれらを身に付けていました。いつしかそれらはお金に変わり、権力者の持つお金のほうが人の命より大事にされたのです。

そして権力者は盗むことも上手でした。人の物を盗むというより、地球の資源を盗むことに長けていたのです。本来のお金の価値を決めるゴールドや、石油、石炭、鉱物、鉱石、その他の資源を国の許可のもとに自然から盗み、お金に変えていたのです。

③剣

権威、権力、武力を持つ者が支配者として栄えたという時代です。彼らの命令にも従わず、お金を渡しても従わない者がいると、武力や武器で従わせたという時代です。その為、人々は常に彼らに支配され、武器や武力を駆使した争いや戦争の中で苦しめられてきました。しかし夜の時代は権威権力を持つ者も長くは続かず、栄枯衰退の悲劇や苦悩を味わう時代だったといえます。

夜の時代における宇宙のルールの根本には、人間は苦労、苦しみの中で進化を促されていく、というルールが働いていました。夜の時代の歴史を振り返っても、ほとんど、このルールに則っています。どんなに正義感が強くて、民衆のことを考えて権力者に抗議をする民がいても、その行為が、為政者に通ることは限りなく稀で、だいたいは罪人に貶められ命は長らえない、そんな話は山ほどあるのです。それが、夜と言う時代でした。昼になると宇宙のルールは大きく変わっていきます。

●昼の時代に人々が生かされる宇宙のルール

①本

昼の時代は信じて従う生き方ではなく、自分の魂の目的の元に、自立をしていく生き方に変わるのです。その為には自分に必要なことは、自ら学んでいくことが大事になります。本とありますが、現代社会では本も含めたネットやあらゆる情報といえるでしょう。

情報社会の中で、本当に自分に必要な情報や知識を得て血肉にしていかないといけません。情報を見極める力を持ち、他人の人生ではなく、自分の人生を自立して歩んでいくことが、昼の時代においては、しあわせになる生き方といえます。

②輪

お金の為の縁ではなく魂の方向性を同じくする、周波数のあった人々同士が生き心地の良いコミュニティやグループを作り、そこから人や社会に価値ある何らかの、ものやことを発信したり、提供することで自分の人生が、楽しく豊かになっていきます。

③器

昼の時代の器械やテクノロジー、インターネット、ＡＩ、ロボットなどを指します。これからの昼の時代、人間は過酷な労働から解放されていきます。今後それを担うのはＡＩや、ロボットです。人間は信じて従うことから解放されると、自分の魂から来る信号と繋がりやすくなります。各々魂の器があり、その器で、創造性を自由に発揮し、スマホやインターネットなどを駆使し発信し、外界と交流したり、仕事をしたり、人生を楽しむことができるようになっていきます。

●ＡＩが加速的に進化する理由

昨今、驚異的にＡＩやロボット技術が進化しています。先に、３種の神器の３番目の剣が昼の時代になれば、器というスタイルに宇宙のルールがシフトし始めると書きました。それによりテクノロジーやＡＩ技術がお目見えしてくるのですが、実は、そのルールだけではなく、更にひとつ上の領域の宇宙のプログラムのシフトにより、更なる人類の進化への深遠な法則が動きだしているのです。

17ページに、私達と同じ宇宙は73兆個あるという説明の中で、

～宇宙も果てしない年月をかけて進化する広大な生命体です。常に新たな進化の形質を獲得し、更なる領域へとアップグレードしています。私達の宇宙は7京年の公転を、宇宙が発生した段階から、11回繰り返し、11回目の公転のプログラムを終え、今、新たな12回目の7京年のプログラムに突入しています。そのプログラムが始まったのが、１９９４年8月のことです。ここから宇宙は12回目の新たな7京年のサイクルに入り、これまでのプログラムとは別な宇宙のプログラムで始動し始めたことになります。～

と、このように、書きました。

私達の宇宙の新たなプログラムのシフトにより、今までの神と人間のステージの変化が起こっているのです。驚愕する内容かと思われますが、一体、何が変わったのかをお話しします。

今までの11回目の宇宙の公転の段階では、私達の宇宙を統括していた外宇宙にいた神が、無から有の創造主といわれる位置にいました。その下に、神が創造されたものを壊したり、アレンジして様々なものを作る、通常私達が「神」と呼んでいる「神」がいました。神様にも色々な領域、段階があり、人間と同じで、良い神もいれば、悪い神も、それこそ有象無象にいらっしゃるのです。そしてその下に、人間がいます。アニミズム信仰以外、世界の神話や宗教を見ても、神は常に人間の上に位置し、人間を生かしも殺しもする絶対的な位置でした。その神の恩恵を乞うように、人間は大地を耕し、労働をし、豊穣を祈願する為に、神に捧げものを欠かさない立場でした。時に人間の生贄を差し出す風習も太古にはあったわけです。要するに人間というのは、今までの宇宙のプログラムにおいては、「神」が楽をする為の召使いであり、時に愛玩物でもあり、神々の労働を担う奴隷だったのです。

●神と人間のステージの変化

12回目の宇宙の公転が始まり新たな宇宙のプログラムが始動し始めた、１９９4年の段階から、神と人間のステージが1段回レベルアップしているのです。

今までの宇宙全体を統括し、無から有を生み出していた「創造主」としての「神」は、他の宇宙をも内包する「大神」の位置にレベルアップし、私達が神様と言っていた「神」は「神」が無から有を造り上げた原素や物質を、アレンジしたり壊したりして地上のルールを造る「創造者」の位置にいましたがそれが今度は無から有を創りだす「創造主」としての「神」にレベルアップしていきます。そして、人間は「神」の位置にレベルアップし、今までの神が担当し

図７

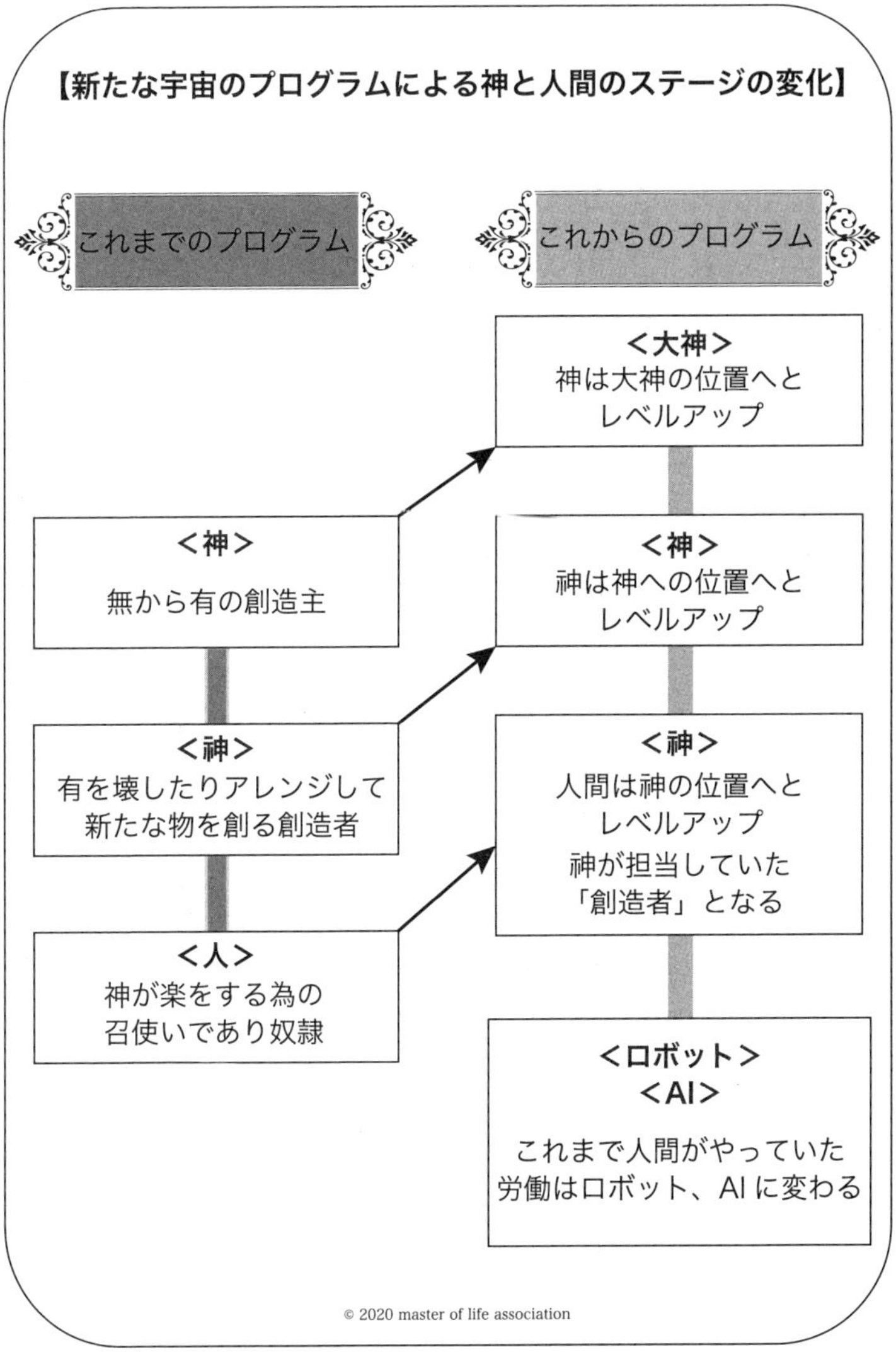
【新たな宇宙のプログラムによる神と人間のステージの変化】
これまでのプログラム
これからのプログラム
<神>
無から有の創造主
<神>
有を壊したりアレンジして
新たな物を創る創造者
<人>
神が楽をする為の
召使いであり奴隷
<大神>
神は大神の位置へと
レベルアップ
<神>
神は神への位置へと
レベルアップ
<神>
人間は神の位置へと
レベルアップ
神が担当していた
「創造者」となる
<ロボット>
<AI>
これまで人間がやっていた
労働はロボット、AI に変わる
© 2020 master of life association

ていた、地上に元々ある原素や物質をアレンジしたり壊したり、地上のルールを造る「創造者」としての位置にレベルアップすることになったのです。

では、今までの人間がやっていた労働や記憶や信じて従うと言う思考からくる、働きは誰がするのか？　それをＡＩやロボットが担うようになっていくのです。（図７参照）

宇宙の公転、７京年のプログラムのシフトと、宇宙の自転のサイクルもちょうど、夜の時代から昼の時代へとシフトしています。こういった類稀なシフトが重なる大転換時代のタイミングで私達は生まれてきたのです。

夜の時代、人間は苦労し努力し苦しみの中で進化するという時代でしたが、これからの昼の時代というのは、今までの「神」が、労働や大変なことは人間に任せ、自分達の創造性を発揮して、楽しみながら生きていたように、人間も大変なことはＡＩやロボットに任せ、魂の目的の元、創造性を発揮して創造者として、やりたいことを自由にやって生きていける、そんな時代へとシフトしているのです。

そのことを理解した上で、私達は意識的に人生の選択や生き方を、今まで慣れ親しんだやり方から変えていく必要があるといえます。

もしも、相変わらず夜の価値観、ルールのまま、信じて従うことしかできないという人達は、ロボットと仕事を競争しなければならず、気がつけば、ロボットに生きる糧を奪われていく、ということにもなりかねないのですから。

すでに人間が、人間のクローンを作り出したという事例を幾つも見聞きします。創造者としてレベルアップすれば、そのような科学技術も宇宙からダウンロードできるようになるでしょう。これまでの夜の時代の鏡、神を信仰する概念からすると、倫理的に問題があると思われることですが、昼の時代はこれまでの技術を更に進化させた、高度精心文明が到来するといわれています。

それは単純に精神性だけが重要視されるという意味ではなく、ひとりひとりが生まれた目的や因果律の法則を理解した上で、地球も人類も平和で楽しく、豊かに暮らすために貢献できる、科学技術も発展していく時代となります。

大事なことは、その技術の根底にある「意図」が魔的な欲望に基づくものか、人類の貢献に基づくものかで左右されることでしょう。これまでのような、一部の誰かがだけが儲かるという慾得から生まれる技術は、即、明るみに出て破綻していきます。神を信じて従うというところから人類の文明の歴史は始まっていますが、その人類の文明のステージが一歩レベルアップし、今、人々は創造者へとシフトする類稀な時代に向かう過渡期でもあり、黎明期でもあるのです。私達はそのタイミングで生まれた魂なのです。

しかしながら、あまりに変化の激しい過酷な環境に環境適合していかなければならず、適合できないと淘汰されてしまうとも限りません。太古からこの地球は、強い種が生き残っているのではなく、柔軟に自分自身を変化させて地球環境に適合した生物しか、種を生きながらえさせることはできなかったといえます。私達はある意味、そんな過酷な過渡期の時代に生まれているといえなくもないのです。

今の子供達は、昼の時代の進化した感性や感覚を、生まれた時から持っている子も多いのです。いわば、前例がない時代を生きる上では、子供達は先生なのかもしれません。親はその感性を潰さないことが重要です。

●経済から恵財へのシフト

これからは、人間の位置が信じて従う奴隷の位置から、創造者の位置にレベルアップしていくのですから経済となる働き方も大いに、変わってくるといえます。それを図８のトップダウンのドリフターズバージョンとフラットな嵐バージョンとして、詳しくお伝えします。

先に書いた「働き方」の例で、夜の時代はドリフターズバージョンでした。これまでは偉い人がいて、指示命令されることに従って働くトップダウンの仕組みの元に人々は集まり、自分のエネルギーと時間と労力を提供する代わりに、月に一度、決められたお給料をもらうという働き方を選ぶ人が圧倒的でした。宇宙人生理論では、このお金の廻りを「経済」といいます。

自分の魂の才能や、目的を生きているわけではない、ライスワークや企業の駒としての役割なので、どうしても苦痛や我慢が伴います。しかし夜の時代は、生活の為にはその仕組みの中に雇われるしか、選択肢はあまりない為、好き嫌いに関係なく雇われていきます。時々そのストレス解消の為に、得たお金を心のバランスを取る何かしらに消費するので、あっという間に消費され、またがんばって雇われて働かねば…となるマインドが培われます。これは、夜の時代、先祖代々当たり前として培われたマインドでした。

図8

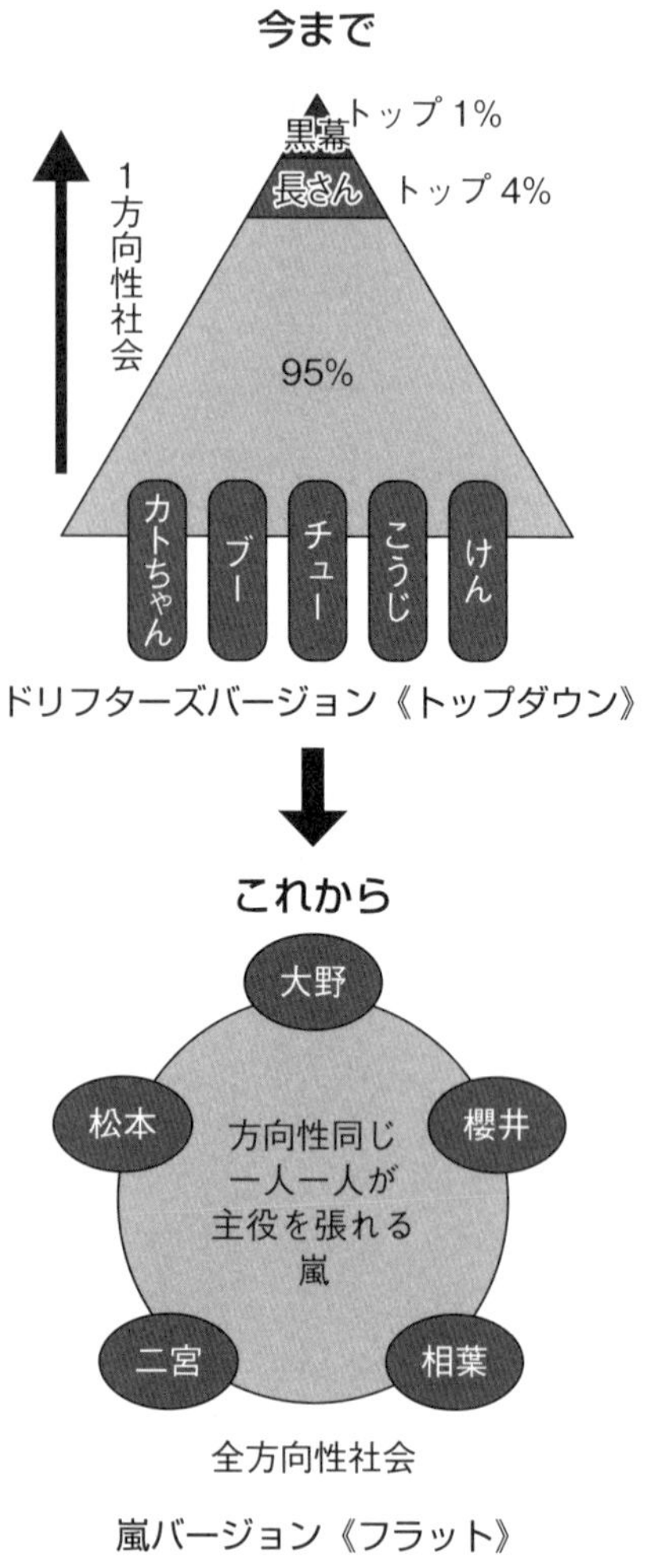
今まで
黒幕
トップ 1%
長さん
トップ 4%
1方向性社会
95%
カトちゃん
ブー
チュー
こうじ
けん
ドリフターズバージョン《トップダウン》
これから
大野
松本
櫻井
方向性同じ
一人一人が
主役を張れる
嵐
二宮
相葉
全方向性社会
嵐バージョン《フラット》

昼の時代になると、トップダウン構造の組織に雇われる人もいなくはないですが、減っていき、嵐バージョンが一般的になっていきます。誰もが自分の才能を理解し、魂の目的の元に立つ、という意味の自立型の働き方に変わります。会社に雇われてお給料をもらうというのではなく、自分が主役、個々においても利益を生み出す工夫や創造性を発揮できる何かしらの強みを自覚してインターネットを通じ地域や国を越えひとりでも仕事ができる時代にシフトしていきます。かつ、魂的な方向性が同じ者同士、互いを認め合い、価値を提供し合い、チームやプロジェクトになっても強く、また、そこではトップダウンではないフラットな関係が構築されていきます。月に一度のお給料という認識ではなく、自分の才能を、宇宙や地球、人や社会が良くなる為に、求める人や組織や企業、団体に必要に応じて提供することで、宇宙自然の恵みとして人を通じて、いつ、何時でも、必要なお金は廻る。このことを「恵財」といいます。

お金の為だけに嫌なことをするのではなく自分の得意な才能を生かして、人や社会に喜ばれ、自分の周りや環境も良くなることで、お金が廻ることを実感できるので、大してストレスにはならず、ストレス解消の余計な消費は減り、もっと、自分を高めようとする投資へと恵財を廻らせていきます。それにより更に人生が高められ、いつしか天命や魂職の元に生きている自分自身に出会っていきます。

第2部でお伝えするNE運命解析学を創った理由のひとつに、昼の時代は、人々の意識も幸せになる価値感も働き方の仕組みもシフトしていきます。その内容を具体的に知っていたので人々が時代の流れに少しでも適合していける為に創ったのです。もちろん、更に重要なこともあるのですが…それは後でお伝えすることとして…

これからは、信じて従うドリフターズバージョンの中に順応してきた人は、仕事や生きることに辛さを感じたり、環境適合できない人も多くでるだろうと思うのです。一刻も早く、本当の自分の魂の目的や才能を知って、嵐バージョンとして適合できるマインドを育てて欲しいと思います。それが少しずつでもできていけば、宇宙から大いに生かされていくはずです。周りのことを気にしすぎたり、義理や人情で選択していると、過渡期の今と昼の時代の人生における判断を間違うことも多々あります。何しろ、宇宙の法則が180度変わってきているのですから。

自分自身の本当の心の声を聞いた時、素直に嫌だと思うことは手放したり、人間関係もムリしていて疲れたなと思うなら、素直にありがとうと言って、終わらせていく。そういう選択をして、身に付けてしまった様々な重りを軽くしていくと、本当の魂の方向性に気づきはじめて、新しい縁や道が見えてくるものです。

●宇宙における４つの進化の特徴

この宇宙に存在する全ての生命体に課せられた目的は「進化」です。

一人一人の進化度というのは、私達の宇宙の進化にも繋がります。進化が進めば、魂の自由度は上がっていきます。自在な自由度がある人々は境涯が高く、人間よりはるかに自由度が高い人を神というのです。人類も進化して自由度が上がるほど、神の位置にレベルアップしていきます。私達も昼の時代においては、この自由度を上げていくことを目指しているのですが、ここでは、宇宙における進化の特徴を４つお伝えしておきたいと思います。

①量的（大きさ）進化

その星の環境に適合し、生き延びる為に身体が大きくなったり小さくなったりすること。

②形質的進化

その星の環境に適合し生き延びる為に様々な機能を獲得したり、肉体を形成する物質の変化が起こること。

③生命的（寿命）進化

神クラスのように寿命が長くなること。

④霊的進化

因果律の宇宙法則の中で、自分の思い・考え・言葉・行動によって、負の因果律から来るカルマを昇華し、繰り返しのパターンから解放されていくこと。

この4つに分かれるのですが、私達が今回この地球に生まれ促されているのは「霊的進化」となります。霊的進化により、自分の認識や位置、視点、自由度、魂の境涯が上がっていきます。夜の時代においては、この進化を苦労と苦しみの中から獲得していくというルールでした。夜の時代の人々は、昔からそのことを感覚的に分かっていたのでしょう。人間がより良く生きる為には「苦労は買ってでもするもの」とか、時に運を味方に付ける時に昔の偉い武将は「艱難辛苦我にあり！」と神仏の前で宣言したりしていました。夜の時代は、環境自体が苦しみと束縛をもたらす仕組みで、苦労・苦しみを経験する中で進化が促され、運や徳を会得した時代でもあったといえます。具体的な内容は第3章でお話しします。

●昼の時代の人類が目指す3大特徴

ところが、昼の時代になってくると、時代そのものが人類進化の為に促す方向性はがらりと変わってきます。苦労と苦しみからの進化ではなく、自分が楽で、楽しんで喜んで、人にも喜ばれることを追求していくという、180度変わったものになっていきます。更に、昼の時代の人類が目指す3大特徴というものが、この3つで表されます。

①絶対的自由
②共生
③霊的進化

①の絶対的自由とは1日24時間、全て自分の自由な時間であるということです。

夜の時代は、長いこと人々は生きる為に必死で、自由などほぼない人生を生きてきました。支配者は、人々を効率よく働かせる為、労働時間という概念を作り、更にそこから年貢や税金をきっちり収奪する為に7日を1週間として、そのうち6日は9時から5時まで働きなさい。更にそのサイクルが4回来たら1ヶ月とし、お給料を払う代わりに、年貢や税金もこの期日までに払いなさいという「暦」というもので人々の自由を支配していたのです。

現代社会においても、絶対的な自由を得ている人は限りなく少なく、多くの人々は、1日のうちに少なくとも8時間以上は会社などに拘束されます。一見、会社に行かない主婦であっても、家族の為や、そこから派生する諸々のことに時間を取られ、自分の自由になる時間もお金も十分とは言えず、1日のうちに寝る瞬間か、ほんの僅かな時間のみが自由…と思えるような人も多いといえます。

そのような自由は、外部にコントロールされた「条件付きの自由」であり、自分の魂の時間で自由に生きる、「絶対的な自由」とは程遠いのです。

絶対的自由のもう一つの意味は、人に指示命令されることも干渉されコントロールされることもないことです。と同時に、人に対しても同じことはしないということになります。全方向性社会の昼の時代は魂が大人の時代です。自由と言うのは当たり前に自己責任だという認識があるのです。夜の時代のように、親や環境、社会や会社から自分の人生にあれこれ言われコントロールされる生き方は選ばないということです。その代わり、自分のことは自分で決めて、自分で学び、切り開く。そういう大人の認識の時代となります。

②の共生は、本来の自然界の循環システムそのものの生き方といえます。自然界は自分にとって不要なものを環境の中に排出することで、それを必要とする生物が受け取り、また、その生物が不要なものを排出することで全体のバランスが取れています。

例えば、植物にとって不要な酸素を空気中に排出し、人間や動物はそれを取り入れ、生きています。更に、人間や動物が排出する二酸化炭素は植物に必要なものとして取り入れています。こうして、自然界の全ては循環システムの中でバランスを取って生きているのですが、夜の時代、人間は共生ではなく競争社会を作り出し、限りない慾の為に、大きく地球のバランスを崩したといえます。

③の霊的進化は、先に、宇宙における４つの進化の特徴でも書きましたが、因果律の宇宙法

則の中で、自分の思い・考え・言葉・行動・行為によって負の因果律から来るカルマを昇華し、繰り返しのパターンから解放されていくことといえます。

このことは、地球人類の進化において最も求められるものといえそうです。夜の時代、霊的進化は二の次三の次で、ほとんどの人が肉体的な慾を満たす為、生きる為に必死だったという時代が延々と続いてきました。現代社会においても、多くの人は慾やエゴから自由を求め霊的進化における自由の意味を理解する人は多くはいなかったといえます。

それを的確に表している言葉に『体主霊従』があります。これまでの人々は常に肉体の慾に霊が従うしかなかったという意味です。これからは『霊主体従』『魂主体従』が主軸になる時代といえます。

このように、昼の時代になると人間が環境適合していく為に、促されるものが大きく変わってきます。しかし、今は過渡期でもあり、夜の時代の年月の中で、子々孫々引き継がれDNAレベルで、当たり前とされ、沁み込んでいる夜の時代の思考や考え方が、まだまだベースとして色濃く残っています。それでも、残念ながら、私達は、急速に変化を促されているこの過渡期の時代に生まれ、生きています。変化を促されている大転換時代に、変化することを躊躇したり、拒むことは、新たな昼の時代には環境適合できず、時代から淘汰されてしまうとも限らないといえるのです。

地球誕生の歴史の中で、生命の進化を促す条件というのは、常に自分達の環境を脅かされるような過酷な環境に遭遇した時といえました。２０２０年に起こった新型コロナウイルスによる世界的パンデミックも、そのひとつです。過去にも疫病による人類淘汰とそれを乗り越えた進化の歴史は、幾度となく繰り返されてきましたが、今はかつてないほどの宇宙規模での大転換を迎えています。世界人類は、これまでにないほど霊的進化・魂的な進化へのシフトを促されているサバイバルな時代に突入しているといえるのかもしれません。

●大転換する地球に生まれた魂の目的とは

今回、この地球に生まれた一番の魂の目的は何でしょう？　ひとりひとりを見れば、細かな目的、天命や、使命はもちろん多岐にわたります。しかし、過去、何百回の輪廻転生の中で繰り返し作ってしまった、カルマの輪のラットレースから脱却し、これまでに経験したことがないほどの、目覚めと飛躍的な魂の進化を遂げ、新たなユートピアともいえる時代を魂的に体験したくて生まれてきたのです。

今、生まれている多くの魂達は、生まれる前に、その覚悟を持って生まれた、本来チャレンジャーの魂達でもあります。しかし、地球のこれまでの夜の時代では、魂の目覚めは難しい時代でした。圧倒的多数の人は、生きることに必死で、魂の感覚より、肉体の安全や安心、五感を満たすものを求めることこそが、しあわせな生き方でした。また、現代社会のように豊かな時代になっても欲を刺激する対象物、あらゆる目に見える物質のエネルギーに惑わされ、すっかり、その目的を忘却して人生を終えてしまう人も多くいます。

今や誰においても、確実に時代は変わろうとしていて、今まで通りではいかないと感じている人が増えています。もう深い眠りを継続している時ではないのです。ひとりひとりが、魂の眠りから目覚めて、因果律の法則の元に魂的なカルマを浄化昇華し、進化を促されています。そのプロセスの先に、やがて来る新たな時代の、何らかの光の礎となる為に、多くの人は生まれているという目的を、思い出さなければいけない時なのです。

第2章　ある1点に向けられた奇人変人の人生

●マスターが遺した謎の言葉に導かれて

宇宙人生理論は、果てしなく、膨大な理論です。
大宇宙の構造から、神々のこと、人間の構造、この世の仕組み、見えるもの、見えないもの、あの世のこと、異次元世界、これからの地球や、社会、人々の暮らしにおいてまで具体的な変化、更には微生物や細菌がどのように影響を及ぼすのかといった、ありとあらゆることを紐解いていきます。一体、これは、誰が研究し創り上げた理論なのか、なぜ、私がそれを語るに至っているのか…そのことを少し、お話ししようと思います。

このあらゆる宇宙や神々、人間のこと、この世の仕組み、これからの時代のことを研究し、生涯かけて理論に落とし込んだ方がいらっしゃいました。私が「マスター」とお呼びする方なのですが、そうお呼びするしかない理由があります。マスターは２０１０年にお亡くなりになっているのですが、その時にマスターのご家族のご意向があり、今後はマスターのお名前も、作り上げた理論名も一切、口外しないで欲しいということになってしまいました。私も含め身近で学んでいた者のほとんどは、そのご意向を汲むことにしました。

生前、マスターは「これからの昼の時代は師匠、弟子というような縦の関係は消えていくので、弟子などというものは取らないが、理論を理解できる皇《オウ》の時代の魂を持つ、皇の人種が（この理論の専門用語では昼の時代のことを、皇の時代と呼び、昼の人種を皇の人種といった）これから多く生まれる秥《ケツ》（ひとつ前の昼の時代を生きた魂を持つ人々、縄文人の魂という と分かりやすい）と呼ばれる昼の時代を生きる人々に、新たな時代の生き方を伝えていく」と言われていました。

私がマスターと出会ったのは2003年頃で、マスターの長い研究生活の中で、晩年に近い年齢の時からでした。それにもかかわらず、マスターの講演会の時には、前に出て話しなさいと言われ「なぜ、私が？」と思いつつ、前座もどきをさせていただいていました。マスターと出逢った経緯は後程、詳しく書かせていただきますが、ご縁ができた時から、その後は3日と欠かさずにマスターと電話で頻繁にやり取りをさせていただくようになりました。

とにかく、マスターの話は、これまで疑問に感じていた森羅万象のあらゆることや、私自身の人生のことをいとも簡単に紐解かれるのです。それまでも、相当、いろいろなことを学んでいたので、その理論が、他の曖昧な精神世界とは確実に違い、群を抜いている内容だとすぐに分かりました。これまでに無い程の深淵さと、本質をズバリと見据えていることが、きちんと理論になっているわけです。

マスターは、私の学びが深まってくると、得たことを自分でセミナーをして伝えなさいと言ってくださったので、早い時期から私のクライアントさんにもセミナーでお伝えするようになりました。

それからというもの、日常で起こる事象をマスターに報告し、その意味を色々と教えていただく、という日々がはじまります。起こる事の意味を確認し、質問することは、本当に面白かったのです。毎日が新たな気づきと発見の連続で、濃密な学びの時間だったと思います。

ある時、マスターが、ノートを破いてそこに文字を綴った切れ端を、私に手渡すのでした。「おまん、これ」というので、書かれてあった文字を見ると、そこに書かれていた文字は、自主＝皇、自分＝皇、自物＝皇、肉体＝祖、物体＝匚と、魂から肉体やその構成要素を表す文字が記号のように書かれていました。それを見て、

「先生、これは私のことですか?」と聞くと「そうよ」と答えるので、更に「じゃあ私は、皇の人種の魂だということですか?」と確認すると「そう。ただ、今はまだ肉体は祖(夜の人種の肉体)やさかい、なるべく時期が来るまで、誰にも言わんと、ゆっくりして、おとなしくしていなさいね」と言われたのです。

その時、分かったのは、それでマスターは、私に、常に前に出て前座もどきをしなさいと言っていたのか…と納得がいったのでした。

その後、マスターが亡くなる半年ほど前に、電話口で奇妙なことを私に話されたのです。

「これまで研究したことは、全て自然の中に書き込んだ…おまんは、それを読み解いて、これから伝えていきなさい」

というものでした。後になって、この言葉は私への遺言、伝言のようなものだったと気づいたのですが、その時は、まさかマスターが逝ってしまうとは夢にも思わなかったので、

「先生～、また、そんな妙なことを言って…先生がいないとムリですよ」

と、笑いながら一蹴したのです。

「早く、また九州に来てくださいね～」(当時、熊本に住んでいた)そう言うと、

「そうやな…」とどこか力なく答えられました。

それから、ほぼ、電話が繋がらない月日が3ヶ月以上続いたある日、突然、マスターが逝去

されたとの知らせが届きました。

その直後から、摩訶不思議な事象が起こり始め、今に至る流れに繋がるのですが、それは、もう少し後に書くとして、マスターが亡くなった後、今後のヴィジョンが全てカットアウトされたと悲しみに暮れる中、例のマスターの言葉が、しきりと思い出されるのです。

「マスターが研究して、自然界の中に書き込んだものを、どうやって読み取るのか？」

この謎めいた言葉の意味が理解できるまで、しばらく時を要しました。

その後、２０１３年頃から様々な計らいが動きはじめて、自然界に問いかけることで、空間から必要なことがダウンロードされる感覚やマスターの意味不明だった理論の意味が、不意に分かる…という感覚が、得られるようになってきたのです。

●宇宙人生理論と名付けた背景

マスターが亡くなっても、私は、言われた通りマスターの研究した理論を伝えて行こうと決めていたので、理論名は伏せて「新たな時代の生き方」とか「新たな時代の宇宙法則」というテーマで、自分なりに研究を深めセミナーをしていました。２０１３年頃から、色々な流れが起こり、2014年に、マスターオブライフ協会を設立しました。設立3年目に、更なる方向性が固まり、協会のホームページを刷新しようとデザイナーの方とあれこれ話している時、フッと「この内容は、宇宙人生理論とでもいうような…」という言葉が、彼の口を通じて飛び出しました。

その瞬間、その理論名が私の中でメチャクチャ腑に落ちたのです。その時、彼の口を通じて伝えられたのがマスターの理論を新たにお伝えしていくための理論名だと直感的に思ったのです。

その後、元々マスターの近くにいて、今現在は、唯一マスターと交信できる信頼のおける方に、宇宙人生理論の名前を使っても良いかを、マスターに確認していただくと「元の理論名より、その理論名の方が、分かりやすくて良い。と言ってくれている」とのことでした。

それ以降「これまで研究したことは、全て自然の中に書き込んだ…おまんは、それを読み解いて、これから伝えて生きなさい」とマスターが私に遺した言葉の通り、私なりに理論を探求研究し、足りなかったものは取り入れ、複雑なものは簡易的に、取捨選択しながら、より分かりやすくお伝えすることができるようになっていくのです。

更に、宇宙人生理論の考え方をベースに取り入れた、ＮＥ運命解析学も運命をレベルアップし昼の時代に難なく移行していただくための道具として創りあげ、セットで、多くの方々が、大転換時代の今を無難に生き、昼の時代に移行できる認識や術を、情報としてお伝えし、今に至っています。

●奇人変人、我が道を行く

類稀な頭脳を持ったマスターの理論を、今の大転換期を迎えている時代を生きる人々にお伝えしていくには、ただの知識のコピペだけでは通用しないといえます。実際に昼の時代の生き方を経験し、理解していないと、伝える条件を満たしてはいないと分かっていました。

マスターが私に伝えていきなさいと言った背景には、私が昼の魂を持つということを理解していたと同時に、私のこれまでの生き方が、夜の時代の生き方からは、かけ離れた奇人変人的で感覚や感性に任せ、人や社会にあまり囚われない自由な、昼の時代の生き方を、若い頃からそのままやっていたということを見定めていたからだろうと思います。昼の時代の生き方を体現してきた奇人変人の半生を、ここで少しお話しします。

私の人生は、若い頃から、普通の女性が望むような人生とは、かけ離れていたといえます。それは、ただ一点に向け、ひたすら、経験を積まされたといえるようなもので、世間の常識からは考えられないような、摩訶不思議なことや、良いも悪いも様々な事象の体験経験を数多く積ませていただきました。それらの経験から、目の前のことから逃げずに、起こることは常に善《よ》きこと、学ぶことと捉え、淡々とやり切れば、宇宙は必ず、想定外のところから自分を生かしてくれる…どうやらこれが法則だ、と掴んでいきました。多くの人々が魂の目的に目覚め、自立し、自分らしく自由に豊かに生きていく、昼の時代の生き方とは何か？　を私自身が実体験をして徹底的に学ぶ半生だったといえるのです。

私は20歳の頃から、目の前に常に何らかの痛みを抱えたクライアントがいました。その経緯というのは、私の家系は今でいうヒーラー家系で、父方の祖父が医者ではないのですが、人の身体を治す特技のようなものを持っていたのです。面白いことに、それを引き継いだのは、息子の父ではなく、父に嫁いだ嫁である母でした。

母は、治療に関することなど何一つ勉強をしたわけでもないのに、ある時、人の身体を触り、治してしまうことができるようになったのです。今でいう突然変異のヒーラーです。いつしか、口コミで、遠方からも患者さんが来るようになり、ゴッドハンドのおばちゃんという名称がつき、私は幼い頃から、その母の施術をする姿を見て育つのでした。

高校を卒業すると、自分が強く望んだわけではなかったのですが、治療師の国家資格が取れる神奈川の専門学校へ行くことになりました。今から30数年前の時代は、現代と違って、人の身体を触るには、国家資格がないと違反になる時代でした。資格を持たずに人を治していた母は、それを指摘されたことで、自分が今からその資格を取るよりも、娘の私に勉強してもらい国家資格を取得してもらえば、後継ぎもでき、国家資格所有者の娘の元で、施術をするという形であれば、問題ないと考えたのです。

その後、私は実家を離れ神奈川にある、医療専門学校に通い、上は68歳のおばあちゃんから、高校を卒業したばかりの18歳の若者、目の不自由な人、中国人や韓国人など、多様性のあるクラスメートが集う場所で東洋医学を学びます。

20歳で治療師の国家資格を取ったのですが、私には、クラスメートの多くが選ぶ治療院や病院、整骨院での就職というイメージが湧かず、何よりも母の希望通り故郷に帰って治療院を開くという思いは、微塵も浮かびませんでした。

どうしようか…と思っていた私を、偶然にも引き立ててくれたのは、当時、プロ野球ヤクルトスワローズ専属のスポーツドクターでした。

専門学校卒業間際の春先。単位に必要な授業は終わっていたため、その日、学校をさぼって家でプラプラしていました。すると、卒業後の就職先が決まってないことを心配してくれていた同級生から家に電話がかかってきて、

「今、スポーツドクターが講義に来ていて、スポーツトレーナーになりたい人がいたら募集するって言っているよ。就職先が決まってないなら来てみなよ」

と教えてくれたのです。私は、スポーツトレーナーという横文字がどういう職業かも分かりませんでしたが、何となく、学校に行ってみることにしました。しかし、すでにそのスポーツドクターの講義は終わっていたので、どうしようかとうろうろしていると、学校の受付の人が
「スポーツドクターなら、校長室にまだいらっしゃいますよ。会いたいなら行ってみてください」

と教えてくれたので、とりあえず、言われるがまま、軽い気持ちで校長室の扉をノックしたのです。中にはたくさんの人がいるであろうと思い、こっそり覗いてみるつもりで扉を少し開けると、いきなり、

「ああ、君はスポーツトレーナーになりたいのか。どうぞ、入りなさい」

と、そこに座っていた年配の男性にいきなり言われて、仰天したのです。部屋の中にいたの

は、校長先生とスポーツドクター、ひとりの生徒の３人だけで、こっそり扉を明けたつもりが、視線は一斉に私に注がれていました。

その後、スポーツトレーナーとは何をやる人かも分からないまま、あれよ、あれよというままに、東京の病院とスポーツジムが一体化した当時としては珍しいスタイルの会社に就職し、そこでスポーツトレーナーという肩書を持つことになったのです。当時まだスポーツトレーナーという職業がメジャーになっていない日本で、このドクターは、欧米のようにスポーツトレーナーを普及させようと努力していた方でした。私は、幸運にも彼の引き立てで、新人では本来ご縁のできないような一流の実業団チームや私立の高校野球チームに、ご縁をつないでいただくことになりました。

今、振り返っても、人の運命とは分からないものだなと思うのですが、あの頃から私の運命の歯車は、当時の私が望む思いとは全く別な意図を持ち、ある1点に向かって動き始めていたように思います。私の場合、20歳の頃から、常に予想外の展開で物事が動き始めていくのですが、全ては、魂の目的を成す為の、経験と条件を満たすものだったと思えるのです。

●スポーツトレーナー時代に得た魂の片鱗

このドクターとの出逢いにより、いつしかアスリートの治療を行う現場の実践で鍛えられ、今でいう女性スポーツトレーナーの走り、というところから、私の社会人としてのキャリアがスタートしました。

スポーツトレーナーを20歳から27歳までの7年間経験するのですが、私にとってスポーツトレーナー時代というのは、勝負という世界の中で、心と体の関係性、いかに勝てる心と体を培えるのか、そして運とは何か？　運に影響を及ぼす環境の要素とは何か…今でいう風水ですが、当時は風水という言葉もまだ日本に定着していない中で、環境と運の関連性を探求し選手達を通じて実践させていただいていました。

ちょうど22歳の時、私のまだ眠っていた魂に点火した出来事が起こりました。甲子園を目指す高校野球のチームを受け持っていた時でした。ある一人の球児が「レギュラーが決まった」と嬉しそうに私に報告してくれた翌日に、怪我をしてしまったのです。そして私に向かって、「りえさん、せっかくレギュラーに決まったのに、もうユニフォームが着られません。3年で最後なのに、僕の怪我をなんとかして下さい！」

と涙ながらに懇願するのです。その子の真剣な眼差しを受け止めた時、生まれて初めて真剣に『目の前の人の痛みを取って良くしてあげたい！』という今までに経験したことがない、強い衝撃ともいえるスイッチが、私の心の中で入った瞬間でした。同時に自分の非力さを嫌というほど自覚もしたのです。

それからというもの、専門学校で学んできた現代のスポーツ医学や東洋医学だけにとらわれず、昼夜を問わず、良いと言われるものを徹底的に学びはじめ、凄いと噂が立つ人には、国内問わず海外にまで会いに行きました。願いが叶うと言われ、誘われれば自ら新興宗教にも２、３入って、選手達のケガが治りますようにと祈りもしました。その期間に、宗教とは何ぞやと言う学びと経験もします。

●魂が求めた縁

23歳の時に、引き寄せられるように書店で手に取って出会ったのが、エドガー・ケイシー療法でした。そこで初めて病気やケガは、前世からの因縁因果から来ることもあるのだと知ります。更に目に見える人間の身体のみを扱うことが医療だけではない、心と体、「魂」というものも視野に入れたホリスティックな医療へと視野が広がるのでした。

23歳頃から、私は、見えないガイドの信号が大事なターニングポイントとなるような時には聞こえるようになりました。明確に初めての信号を受け取ったのは、ある実業団チームの合宿に、スポーツトレーナーとして参加し、選手のマッサージをしていた時のことでした。

「AREに行け！」

という声が、突如聞こえたのです。

「ARE？　何だそれは？」

と思いつつ、合宿を終えて自宅に帰り、何気なく、テーブルに重なっていた雑誌のひとつを無造作に手に取ると、それはエドガー・ケイシーの機関誌でした。ページをパッと開いた瞬間、目に飛び込んできた文字に驚愕しました。そこには、

「日本初！　ARE、エドガー・ケイシーセンターへ行くツアー募集」

と書かれていたのです。

「AREに行けっていうのは、このこと？」

そう思うと、胸の衝動が収まらず、即、記載された電話番号に電話をしました。

ところが、事務局の方は、

「もう募集は定員になり締め切りましたので、どうしても行きたいなら、直接主催者にご連絡してください」

　と、そっけない対応。

（締め切りが過ぎているんだから、ダメか…）と思ったのですが、どうにもこうにも、胸の衝動が収まらなかったので、2日後に、思い切って主催者に連絡をしたのです。すると、

「たった今、あなたの電話の前にキャンセルが出ました。他のキャンセル待ちの方もおられるのですが、あまりにタイミングが良いので、あなたを最後の参加者として入れてあげますよ」

　とのご返答。

「ありがとうございます！　では、よろしくお願いします！」

と言って、嬉しくて電話を切ったままでは良かったのですが、ツアー代金36万円。

当時、23歳の私が、すんなり払える金額ではありませんでした。

「どうしよう…」

そう思っていた直後、不思議なことに専門学校時代にアルバイト先でお世話になっていたオーナーから、

「りえさん、その後、どうしていますか？　元気でやっていますか？」

と、そのタイミングで、電話が入ったのです。

私は思わず、一連の流れを話し、ＡＲＥに行って勉強したいんです！　それで36万円貸していただけますか？　と、怒涛の勢いで話しました。すると、ナントひとこと返事で、

「分かりました。りえさんには、アルバイトがんばってもらったから、良いですよ」

と言っていただき、翌日にはそのお金が振り込まれていたのです。

晴れて、私は、アメリカのエドガー・ケイシーセンター日本初のツアーに、最年少の23歳で、参加することになりました。


そこでは約二週間にわたり、様々な、ボディワークやオステオパシー、シンボル、夢分析など精神領域の学びをするのですが、最後の授業「祈りと癒しと瞑想」というテーマで、メレディス・パーヤー女史が現れた瞬間から、どうにもこうにも、涙が止まらないという初めての経験をします。感情的なものではなく、ただ、魂が打ち震え、涙が溢れ、パーヤー女史の授業の時間中、訳が分からないまま、ずっと泣いていたのです。

その経験の不思議さを、解説してくれたのは一緒にツアーに参加していたサイキックの方でした。偶然にも帰りの飛行機で隣同士だった彼曰く、

「あなたが今回、ＡＲＥに導かれたのは、あなたの魂がメレディス女史に、あなたを逢わせたかったんでしょう。わざわざ日本からアメリカまで行って、ご縁させたんですよ」と。

そのように言われ、私の生きる方向性は、こういう在り方なのか…と、その時は妙に納得したものでした。

その後、まさかＡＲＥで学んだドリームセラピーが24歳の若さで、独立することの契機になるなどとは夢にも思わない出来事に遭遇していきます。

●夢のメッセージから乗った豪華客船

ＡＲＥから帰ってからの私は、当時の普通のトレーナーとは、かなり変わったトレーナーと言われ始めます。何しろ、西洋のスポーツ医学や東洋医学を主流にするのではなく、精神的なセラピーの手法やケイシー療法なども数多く使ったスポーツトレーナーになっていたからです。

そして、23歳の９月、２日続けて変わった夢を見ました。

夢の中で鮮明に船が見えはじめたのです。ＡＥＲで学んだドリームレッスンで、船は良き象徴だったので、夢を見ながら分析していると、次の瞬間、四つん這いになった、ハイハイ歩きの赤ん坊が現れ、茶色い靴を履いたかと思うと、すっくと立ち上がり歩きはじめたのです。その時に、これは何かが新しく始まるな…と理解しました。

そして翌日、前日の、続きものだと分かる夢を見ます。その夢では昨日見た、船の中へと入っていました。海が見える窓に、白いカーテンが揺れているのを見ていると突如、

「船の中の治療師！」

という声が大きく聞こえたのです。ドリームレッスンでは夢の中で聞こえる「インパクトのある言葉」が重要、と学んだばかりでしたので「船の中の治療師」という言葉をメモし、胸に留めていました。

それから間もなくのこと。いつもはスポーツトレーナーの現場に直行直帰なのですが、その日は、久しぶりに会社に行く用事があり、オフィスにはいると「船医」をやっていたというドクターが会社に来ているとのことで、部長に面白そうだから話を聞きに行こうと誘われ、船医に会う機会に恵まれます。その船医が語る言葉に、私は、とてつもなく惹かれました。船医曰く、

「船から眺める朝日や夕日は、格別に美しく、そこにイルカが群れをなして飛び交う姿は、もう、本当に感動的なんですよ…」と。

その時、（船の中の治療師！）と夢の中で突然言われたことを思い出し（私も船に乗りたい！）という衝動が強くなったのでした。そして船医に、

「私、治療師の国家資格持っていますが、この資格で船に乗れますか？」

と尋ねてみると、

「ああ、乗れますよ」

と、言うので
「私、船に乗ってみたいです！」

と、若気の至りで、会社員だということをすっかり忘れ、部長がいる前でそう伝えると、翌日、ご丁寧にもその船医が日本の船会社のリストを、自宅にＦＡＸしてくれたのです。

そこには日本の数十社の船会社が書かれてあり、どこがどうなのかさっぱり分からなかったので、適当に鉛筆を転がして、止まった会社名の日本郵船と書かれた電話番号に即、電話をしたのです。後に知ることになるのですが、そこは、日本で一番の大手の船会社でした。

「私、治療師の国家資格を持っているんですけど、船に乗れますか？」

と電話口の人に聞くと、すんなり、

「はい、乗れますよ。でも契約会社があるので、そこに電話して下さい」

と言われます。あ～個人ではダメか…と諦めかけていたのですが、ＡＲＥの時のようにダメだと言われても、心に何か促す衝動があり、どうにもこうにも胸が騒ぐ時は、その衝動に素直になって行動したら上手く行くかも…と思い直し、言われた契約会社に電話をしてみました。

すると、いきなり社長が電話口に出たのです。どこの会社でも、通常の電話対応は社員ですが、この時は社長がどなたかとやり取りをしていて、その相手が、一旦切ってすぐかけ直すから…と言ったその合間に私が電話をかけたらしいのです。今のように電話番号が表示される時代ではないので、社長は相手の方だと思って、自ら受話器を取ったタイミングが私からの電話だったとか。私は、そんなことは露知らず、電話口の女社長に、

「治療師の国家資格を持っていて、船に乗りたいのですが…」

と言うと、○○さんじゃないのね？　と一瞬驚かれたものの即、

「あら、ちょうど今、客船飛鳥の前の施術者が辞めたので、募集しようと思ってチラシ作ったところだったのよ。あなたタイミングが良いわ！」

とのことで、これまた、あれよあれよという間に、当時、日本一大きな豪華客船に乗れることになったのです。

●クジラが見たくて会社を辞める

ところが、船に乗るには、まだ会社員だった為、会社を辞めないと自由が効きません。辞めるとなると専属チームをトレーナーとして診ることはできなくなる、どうしよう…と1ヶ月ほど悩んでいると、痺れを切らした女社長から、

「りえさん、小笠原諸島に行くクジラウォッチングクルーズがちょうどあるんだけど、そのクルーズから、いよいよ客船デビューしない？」

と誘われたのです。長野の山国育ちの私には「クジラ」というキーワードが、響きまくり、

「クジラというものを、この目で見てみたい！」

という、何とも子供のような無邪気な動機で会社を辞めると決め、気が付けば24歳で独立事業主に転身することになっていくのです。大変ありがたいことに、その時、受け持っていた5つのチーム全ての契約を、会社が私に手渡してくれました。チームの監督達が、変わったトレーナーでも真面目で実直で、時に監督にもコーチにも提案を恐れずにするような私を、信頼してくれていたことと、私のわがままを許してくれた方々が相当いたのだろうと、今思えば、申し訳なく思いつつも感謝するばかりです。

それからフリーになった私は、足掛け3年間、チームを診ながら、空いた時間の２週間から、長い時で1ヶ月は豪華客船に乗り、半分お客、半分クルーという立場で、世界中をクルージングしながらマッサージの仕事をするという陸と海の生活を続けることになるのです。

一見、ラッキーで偶然のように見える、客船に乗るという経験も、実は、目に見えない背景の家系の先祖に計らわれていたということを、後になって知るのです…。そのことは第４章の

「●夢から乗った豪華客船の背景にあったのは…」のところでお話しします。

24歳で船に乗りたくて独立すると、会社に縛られなくなった分、空いた時間で、心が求める様々なものを、学ぶことに費やしました。オイルセラピー、アロマセラピー、クラニオセイクラル、姿勢療法、心と身体のボディワーク、気功療法、カウンセリング、心理療法、アーユルヴェーダ、音楽療法、アートセラピー、箱庭セラピー、フラワーエッセンス、キネシオロジー、タッチフォーヘルス、ヒプノセラピー、カラーセラピー、マインドカラー、経絡治療、温熱療法、ボイスセラピー、サイマティックセラピー、カラオケセラピー、様々な占術、風水、エネルギーワーク、ヒーリングｅｔｃと、当時は、とにかく心がずっと何かを求めていました。故にその思いが納得するまで学びまくるのでした。学ぶ量も活動量も半端ではなかったので、お金も必要でしたから、世にあるアルバイトも色々経験し、数えたら30種類以上経験したように思います。ひとつひとつの経験全てが、人や世の中を知る為のものであり、夜の時代の社会を知る為に必要な経験値でした。

人生にはステージがあり、ひとつのステージでの魂の学びが終わると、自動的に次のステージの扉が開かれるもののようです。不思議なことに私は、27歳の時、受け持っていたチームが、様々な理由のタイミングで一気に全て無くなるという経験をします。

これまで、どんなにスポーツトレーナーを辞めたいと思っても、絶対に辞められない事象が起こり継続していたのですが、スポーツトレーナーというステージでの学びが終わると、ものの見事に環境が変わります。私自身も、スポーツトレーナーとしての学びは終わった…これから次のステージが来ると確信しました。とはいえ、結果的に、仕事が無くなってしまったので、客船に又、乗ろうかとも思いましたが、それも何か違う気がすると思い、東京の自宅でセラピストとしてメンタル・ボディサロンを開くことにしました。そこで、これまた運命的な出会いが訪れます。イギリスのマナー博士が開発した最先端の波動医療機器サイマティクスとご縁をしたのです。

●縁もゆかりもない九州へ

これまで私の治療は、母親譲りの、全て自分の手を使った施術を行なっていたので、機械が人を治すということに半信半疑でした。しかし、骨折した人たちや、喘息の人がサイマティクスの中にある様々な周波数を組み合わせて浴びることで、みるみる治っていく姿を目の当たりにし、その凄さを実感したのです。

興味を持つと、どこまでも探求したくなる私は、日本にサイマティクスを取り入れた社長にあらゆる質問を投げました。その熱心な姿勢を見て取ったのか、サイマティクスの社長から、ある時、

「りえさん、まだ結婚するつもりがなく、サイマティクスを研究したいなら福岡に来ませんか？」

と、お声をかけていただいたのです。私は人生が何かここから変わる気がして、躊躇することなく、

「はい、行きます」

と、二つ返事で返答した後、２週間後には東京から福岡の住人になっていました。私が28歳の秋でした。

しかし、当初、サイマティクスの会社もできたばかりで、私を社員として雇えるほどの余裕がないと言うことで、福岡でサイマティクスの代理店をしていた、健康食品の会社にサイマティクスのセラピストとして、入社することになります。

住むところも寮として提供していただき、新天地、福岡での生活がスタートしたのですが、入社３ヶ月目にして、セラピストではなく健康食品の営業をしてくれないか？　と社長から言われたのです。私は戸惑いながらも、

「健康食品の営業をする為に九州に来たのではありません！」

と断固お断りをすると、それでは、会社にいられないよと言われます。

「分かりました。では、辞めます！」

と、自分らしくいられない状況をお給料の為だけでしがみ付くことは、私にはムリだと思っていたので、潔く言い放ってしまいました。


結局、九州に来て４ヶ月で会社を辞めることになります。九州に来る前まで、東京でお付き合いしていた人がいて、福岡に行ってサイマティクスの研究をしたら、半年くらいで東京に帰るつもりでいたのですが、サイマティクスも中途半端なままで、東京に帰ることもしたくなく、お付き合いした人とも、遠距離でとうとう別れてしまうと、東京に帰る理由もなくなり、その時、浮かんだ思いは、

「縁もゆかりもない、この九州で、またゼロから頑張るしかない！」

というものでした。そして東京や故郷に帰るという選択の退路を断つために、当時、アドレス帳に入っていた連絡先や名刺を全て捨てたのです。それは、九州で生きると覚悟を決めた行為でした。

人生は、覚悟して何かを手放したり、退路を断つと動き出すという宇宙法則がありますが、その法則をこの時、本当に実感したのです。

知り合いもいない、仕事も無い、お金も無い、家も無い、縁も無い、無い無いづくしの福岡の地で、覚悟を決めた瞬間から、これまた不思議に助け船が現れます。

ある一人の女医さんと出会うのです。ホメオパシーの処方箋をしていただいたことで出会ったその女医さんは、初対面にもかかわらず、

「私は、あなたを助けないといけない…そう言われているようです」

という、なんとも怪しげなことを私に告げ、その女医さんの紹介で、とある実業家とご縁することになります。そこでその方からも、

「どうも、私が今の、あなたを助けないといけないようだ…。これは喜捨です。このお金で福岡に住む、新しい家を見つけなさい」

と、ナント50万円を手渡されたのです。これだけでも、もの凄くありがたく驚いたのですが、その一週間後には、

「私の会社で雇います」と言っていただいたのです。途方に暮れかかっていた私には、兎にも角にもありがたく、すぐにそのオフィスにお世話になりました。そこで、11日間、慣れない事務作業をしていたところ、12日目にその実業家の方が、再度私の元に来て、

「やはりあなたは、ヒーリングをやりなさい」

と、またお告げのようにいきなり言うのです。その日のうちに、実業家の彼から紹介された福岡の某有名政治家の元秘書だった方のオフィスを、私のヒーリングサロンに改造していただくことになったのです。しかも資金は全て、その元秘書だった方が出して下さることになります。


縁もゆかりもない方々の中で、一体、どうしてこのようなことが起こるのか、有難い…を通り越して不思議でたまりませんでした。

それから、元秘書の方がオーナーとなり、新たに始めたヒーリングサロンで、ケイシー療法のオイルを使ったヒーリングマッサージをするようになると、それが好評になり、お客さんの中から私に、子供にできるオイルマッサージをぜひ教えてほしいと言って下さる方が出てきます。そこで私が、

「じゃあ、全4回くらいの講座をやりましょう」

と言うと、

「会場を無料で使わせてくれるところがあるので、そこをご紹介します」

と、また、ありがたい流れに繋がっていくのです。

更に福岡で始めたオイルセラピー教室が好評だった為、それを聞きつけた熊本の実業家の方が、マンションを提供するから、熊本に来てヒーリングサロンをやってくれないかという話になり、今度は、熊本にご縁が繋がります。

福岡のサロンは、お世話になったものの1年ほどやった後、元秘書の方にお返しし、熊本に転居することになりました。

その後、熊本でのヒーリングサロンの話は頓挫したのですが、実業家の元で雇われて働くことは、絶対何かが違うと感じた私は、そこでお世話になるのはやめて、またもや縁もゆかりもない熊本で、自立することを選択します。お借りしていたマンションを出ると決め、住む場所を探していると、ターニングポイントの時にはメッセージが来るのは、いつものことで、

「春、花咲くときに、導くから、安心して待っていなさい」

とどこからともなく聞こえた言葉通り、自ら、自分のやりたいことが自由にできる市内の分譲賃貸のマンションに良心的な家賃で引っ越すことができたのです。熊本にはそれから12年住むことになりました。

その地で、東京時代、あらゆるものを学び培ったエッセンスや実践したことを取り入れ、

人々が悩みを解消し、自分らしく、しあわせに生きられる為に、独自で開発したボディワークの要素に、セラピーやサイマティクス、風水など様々なものを融合した「トータルバランスセラピスト養成講座」を生み出します。そこから生徒さんがたくさん来るようになります。

更に、風水を深めようとして中国で開かれた本場の風水師に学ぶツアーに参加した時、ＮＥ運命解析学の元となる太古の帝王運命学にご縁していきます。風水も運命学も探求し、セッションを開始すると、そのセッションも好評となり、ありがたいことに、あちこちで広めてくれる人が現れます。それから、九州全域・東京・千葉・大阪・岩手と、ご縁が繋がり、トータルバランスセラピスト講師、サイマティクスセラピスト、風水師として九州に住みながら全国を走り回る生活がはじまったのです。

●宇宙人に遭遇!?

この熊本時代、これまた変わり種の、ウォークイン型の宇宙人と称する友人との出会いがあり、宇宙連合という団体の巫女としても一時、変わった学びと、活動もさせていただきました。

２０００年には、九州に行くきっかけとなった最先端周波数医療機器、サイマティクスの生みの親、マナー博士の研修を受けにイギリスへ行かせていただくことにもなります。
そこでナント、マナー博士からも自分はウォークイン型の宇宙人だと聞かされることに。
最先端医療や現代科学の実態、隠されていた世界の裏事情の関係者として、驚きの話を多々聞くことになるのですが、彼のオフィスで取った写真に、宇宙人が写ってしまったことは衝撃でした。

「世界はウソとだましに満ちている…」

改めて、そのことを実感するようになるのです。当時34歳になっていた私は、世界の歴史の裏、魂の目的や本質を、どう伝えたらいいのか、多くの人が目覚めないといけないと、イギリスから帰ると強く思うようになっていきました。

私の20代は、バブル絶頂期と言われる時代でしたが、私はまるでその恩恵に浴することもなく、むしろ目もくれず、ひたすら目の前にいるクライアントさんや自分の心と向き合い、心が求める在り方や生き方を求め精進の日々でした。精神的なものや、様々なセラピー、療法、風水、運命学、宇宙の謎の探求を深めた20代を駆け抜けました。そして30代に入っても、たいして、その生き方は変わらずでした。

世間一般の会社や世の中の人々は、1年の目的を決め、計画をきっちり決めて日々生きることを奨励していたようですが、私は、常に変化、変化の人生で、元旦にどれだけ1年先のことを計画しても、必ず想定外のことが起こり、計画以上の面白い展開になる人生だと悟り、であるならば常に予測不能な中で、臨機応変に対応し、とにかく目の前にいるご縁のあるクライアントさんに対して、できることを全身全霊で行い全うしようと思いながら、寝る間も惜しんで日本全国を休むことなく飛び回る人生を生きていました。

●あるマスターとの出逢い

35歳の時、この変わり種の人生の謎を解いてくれた、私にとって、決定的な転機となる出逢いが訪れます。大宇宙の仕組みから人間の本来の構造、ウイルスや微生物に至るまでの「この世の全てと全部」を研究した宇宙物理研究家のマスターと出逢ったのです。

きっかけは、マスターの凄さを聞きつけて出逢った、というようなカッコ良いものではなく、恋愛の痛みで心身がボロボロになっていた時に出逢ったのでした。その姿を見かねた友人が、「りえちゃんの、好きそうな話をする面白い人が福岡に来るから、一緒に行かない」と誘ってくれたのです。

自立して約10年の時が経過し、様々な危機的な状況も乗り越えて、自分のコンテンツも確立していたので、もう、あえて人のセミナーに行き学ぶ必要はないと、自信満々で鼻が伸びていた時でしたから、まさか恋愛の痛みの気晴らしに、人のセミナーに行くとは思ってもみませんでした。友人に素直に従って、久しぶりに行ったセミナーの講師として出逢ったのがマスターでした。

これまで様々な学びをして、いろいろな人と多く会ってきていたので、このマスターの凄さは一瞬で分かりました。全ての人生の謎や人の悩みの原因や根底にあるものを、立て板に水の如く、明快にスラスラと答えることや、何を見通しているのか、この世のものとは思えない知性と明晰性、内容の深淵さ広大さ、かつ今を生きる為に現実的な地に足の付いた話し、それらが全て理論になっていることに鳥肌が立ったのです。

何より、心惹かれ目からウロコだったのは、その時の私の恋愛で傷ついた感情的な痛みを一発で取り去った、変な文字とお札のような紙や、貧乏を無くす装置というものでした。「これはどういうことですか?」と聞くと、またスラスラと目からウロコの不思議なことを話し始めるマスターの衝撃的なレクチャーに、これまた仰天。

俄然、私の探求心が復活し火が付くと、恋愛の痛みはあっという間に消え、その時以来、どんなに忙しくても、マスターのセミナーには、欠かさず参加するようになっていくのです。
私の知りたかった地球や宇宙、歴史における、あらゆる謎、人間の謎が、次々に紐解かれ、知れば知るほど、面白くなり、その後は、ほぼ毎日、電話でマスターと頻繁にやり取りするようになっていくのでした。

そのやり取りの中で、これまでの私の変わり種の人生の謎、なぜ、ここぞという時に、いつもメッセージで導かれるのか？　どこから誰がメッセージを送るのか？　なぜ母は突然変異のヒーラーになったのか？　なぜ、夢から客船に乗れたのか？　なぜ、人が大金を提供してくれたり、住むところをタダで貸してくれたり、私にサロンを提供してくれたのだろうか？　私の変わり種の人生経験の意味は？　究極、私は何者で何の為に生まれたのか？　マスターからは、私のこれまでの変わり種の人生について、その背景や事象の意味、向かう方向性を非常に論理的に教えていただきました。人生の謎が明確に分かりはじめると、世界がこれほどクリアになったことはなかったのです。

３年ほど、マスターの理論を徹底的に学んでいると、マスターが、私にこの理論をセミナーをして伝えるようにと言われたのです。

「私には、できません」

とお断りしていると、

「それは、役割だから…」

と言われ、マスターのセミナーが開催されるたびに前座で話すようにと押し出すのです。それから、少しずつ、マスターの理論を講師として伝えるようになっていきました。


ある時、マスターが私のところに来て、衝撃的なことを言うのです。

「おまえ、そんな生き方していると死ぬぞ！　食っちゃ寝生活に切り替えなさい」と。

「先生、食っちゃ寝してたら、これまでの仕事はどうするんですか？　旦那も親もいないのですから家賃だって払わないといけないんですよ。それに、こんなに人の為に尽くそうと思って生きているのになぜ、この生き方だと死ぬんですか？」

というとマスター曰く、

「その生き方はもう古い！　時が来るまで食っちゃ寝して、引っ込んでいなさい。その方が生かされるから…」

と、言われるのです。最初はかなり抵抗していましたがマスター曰く、人の為と思いながら、自分の時間を大事にせずに、外に向かって「時は金なり」「働かざる者、食うべからず」「世の為、人の為」といった認識で自分をボロボロにしてまでジタバタと駆けずり回っている生き方は、一方向性社会の夜の時代の生き方。これからの昼の時代は、宇宙自然から生かされる生き方にルールが変わる。人のことなど気にせずに自分がゆっくり「楽で、楽しくて、喜んで、喜ばれる」という生き方をしていると、自然に生かされていく。

しかしそのルールを知らずに、これまでの夜の時代に善しとされていた生き方で、ひたすらがんばって、ジタバタ生きると、昼になればなるほど、環境不適合となり、時代から生かされず、生きにくくなっていく。

それだけならいいが、いい加減気づかないと、命を取られることもある。自分を大事に生きていれば、ちゃんと自然界から生かされる。花開く時は、自然に花は咲くもの…これまでの社会の価値観や、人を奴隷にする時間や暦、他人の時間に合わせて盲目的にジタバタ生きるのではなく、時が来るまで、自分の魂の声に耳を傾け、魂の時間に合わせて生きなさい。本当に成すべき時の為に、命を大事にしなさい。というものだったのです。

とはいえ、理論、理屈は分かっても、これまで長年、身に付けてしまった生き方のクセというのはなかなか改善されませんでした。

その後何度も「おまえ、そんな生き方していたら死ぬぞ」とマスターに、言われても、相変わらず、ジタバタと動き回るクセが抜けませんでした。そんな私に、見事な計らいで、食っちゃ寝生活に切り替えさせる出来事が起こりました。宇宙は私を、ムー大陸の一部が隆起したと言われる奇跡の島、宮古島でのワークショップに縁をさせて、ここで人生が変わる衝撃的な体験をさせたのです。

●人生を変えた宮古島

それは、まさに導かれたとしかいいようのない2泊3日の宮古島ワークショップでの体験からでした。２００６年、はじめて宮古島に降り立った時、全身で感じたのは「F分の1の揺らぎ」といわれるような何ともいえない、ゆるい感じの大気でした。普段、ジタバタ忙しがっている私の波動とは真逆な波動の中に投げ込まれたような感じを受けたのです。

宮古島に着いてすぐ、テーマは「時間」と教えられます。それ以上、何のスケジュールも教えてくれないワークショップでした。ナント初日から、これまで1日の内で一番見ていて、命の次に大事…くらいに思っていた腕時計が忽然と消えたのです。

そして、次から次へと私に起こる、あり得ないでしょ！　と言いたくなるような事象の数々。

時計が消えると、今度は新しく買ったばかりのサングラスが、突如、真ん中からパックリ真っ二つに割れ、瞬間接着剤をつけても全くつかず、更に、最終日、宮古島の東平安名崎の灯台を目指し、これまでの人生を歩きながら振り返るというワークの最中に、誰よりも一番早くゴールしようと思っていた矢先、履いていたサンダルのバックルが突如切れてしまうという、これまたこんな時にウソでしょ！　と思える事象が起こったのです。早く歩けないので、私は、一番最後にゆっくりゴールせざるを得ないのでした。これらの事象は全て、私の人生の軌道修正を促しているものだと、早い段階で気づかされます。


『腕時計が無くなったことは、世の中的な時間に縛られる生き方を止めなさい』

『サングラスが割れて、瞬間接着剤でくっつけたにもかかわらず、元に戻らなかったということは、自分の色眼鏡で世間を見ることを止めなさい（サングラス＝色眼鏡とも言う）』

『灯台まで歩く人生を見つめるワークの中で、バックルが壊れ、ゆっくり歩かざるを得なかったということは、生き急ぐことを止め、もっと自然にゆっくり生きなさい。すべてはタイミングなのだから…早すぎてもいけない…』

2泊3日の短い時間の中で、畳みかけるように起こった事象は全て、これまでの私の生き方に対するメッセージだった、ということが腑に落ちた最終日の夜、初日に無くしたと思っていた腕時計が忽然と出現したのです。

それはまさにテレポーテーションでした。一連の気づきが正解だったから、時計が戻った…としか言いようがありませんでした。そこで悟ったのです。もう、世の中の時間、一方向性社会の時間の中で駈けずり回って生きることは止めよう…と。

その時、ふっと思い出したのは、ワークショップに参加していた方から、宮古島には面白い謂れがあるという話の内容でした。宮古島は人生において何らかの気づきを得ることが多いといいます。その気づきを、帰ってもずっと保っている為に、持っていたものを置いていくと、その気づきの波動を宮古島は送り続けてくれるというのです。そして、また、宮古島に縁をすることになると。

そこで私は、宮古島での人生における大事な気づきを、ずっと継続する為に、命の次になければ困ると思っていた、お気に入りの腕時計を宮古島に置いて行くと決めました。すぐに、ワークショップの主催者に、宮古島のどこに置けばいいのかを尋ねると、

「それは、自分が変わる儀式のようなものなので、自分の直感で決めなさい」

という返答です。そうか…と納得し、帰る予定を1泊延ばして、翌日、自分が変わる儀式をする場所を探すことにしたのです。

ホテルを出て五感と六感を使って自然界の事象を読み解いていくと、不思議と儀式の場所に導かれたのです。そこで腕時計と壊れたサングラスを海に沈めました。宮古島の謂れは、まさにその通りで、その後、私は宮古島に10回以上も行くことになるのでした。

儀式を終えて宮古空港に着くと、どこかで見たことのあるお顔の方が近づいてきます。その人は当時、精神世界の観点から会社のコンサルタントとしてご活躍されていた船井幸雄先生でした。お話ししてみたい方の一人でもあったので、近づいてご挨拶し、名刺を頂いたのです。

ご縁とは不思議なもので、その後、船井グループの51コラボさんにご縁をいただくことになるのですが、当時は儀式を終えた直後に、お会いしてみたい人に偶然にも離島で出会えたことは、宮古島で覚悟した私の選択がＯＫだということで宇宙が提供してくれたギフトだとも思えたのです。

更に、那覇空港でまた、鮮明なメッセージが降りてきます。

「モモ、時間泥棒の話」と。

モモというのは読んだことはなかったのですが、聞いたことはある本だと理解しました。ここまで追い打ちをかけるようにメッセージされるということは、よほど重要なんだろうと思い、福岡に到着後、家に帰る前にすぐに本屋に直行すると、ナント、入り口に、ミヒャエル・エンデ「モモ」単行本フェア！　と書かれた本が山積みにされていたのです。探すまでもなく、すぐに購入し、1日で読み終えました。

それはまさに、これまでの私と、気づいた私への解説書とでもいう本でした。自分の「時間」というものを奪われて生きる人間達の時間を取り返す、モモの話です。マスターの伝えていたことや、宮古島に行き経験し、理解したことに対し、念を押すかのような内容の本で、分かりやすい事象といえました。

宮古島での一連の出来事は、マスターから学んだ宇宙人生理論をベースに、魂の役割を成していく上で、いい加減、生き方の軌道修正が必要だという促し以外の何ものでもなかったといえます。

それは仕組まれた外部の暦の時間で生きることを止めて、魂の時間で生きること。これまでの夜の時代の、縛られた奴隷社会、一方向性社会の生き方を捨てなさい。心配しなくても、豊かさも、自由も全て、外にあるのではなく、外部と繋がることでもなく、自分を大事にして、自分と繋がる時間の中に宿り、全ての創造性と可能性はそこから生まれる…ということなのだと。

●全てを手放し食っちゃ寝生活へ

２００７年の12月、これまで学んできたもの、積み重ねて来たもの、仕事も一度手放し、苦労して自分で作ったホームページも閉じ、新規の募集はせずに、「時期が来るまで待て」というマスターの言葉の元、ジタバタ動き回ることを全部止めて、マスターの勧める、食っちゃ寝生活を開始したのです。今の言葉で言ったら、まさに引きこもりのニートです。

朝から晩まで、何もしない生活。

はじめは、ものすごい焦りが吹き出だします。「そんな生活していると生きていけないぞ」からはじまり「仕事しないと世間から変な目で見られるぞ」から、ありとあらゆる不安が自分の内から吹き出ます。その度に、マスターに電話をすると、

「その内、消えるから…何があっても、全て善きことと思っていなさいね」

と言うので、もう、信頼するしかありません。全て善きこと、全て善きこと、と呪文のように祈る日々。

そう思って、その感情を眺めていると、次第に恐れや不安が消えていくのです。余計な感情が消えていくと今度は、環境や自然界に目がいきます。その中で今に、ただ在るだけでも、自分を生かそうとしてくれる動きがあることを感じられるようになっていきます。何もしなくても生かされて生きている…という計らいに深く気づいていくのでした。その視点から観えたこと、悟ったことが、多くありました。

仕組まれたトップの人間だけが豊かになるこの社会システムの中で、多くの人は、世の中の枠や型にはめられ雁字搦めで生きていることがより観えたのです。そして、運とはタイミングのことだと理解し、人は限りない「慾」を捨てた時、はじめて「魂の意図する欲」で、人生は展開されてくる…と。

宇宙自然は、本来必要なものは与え、私達を生かそうとしているが、ただ、まだほとんどの人は、そのことを悟れる時代ではなく、もう少し、時が過ぎるのを、待つしかないのかもしれないと。

この期間で、過去のちっぽけな栄光も、こだわりもプライドも、お金をかけて学んだ膨大なスキルも、不要な人脈も、執着も、魂の目的の人生を生きる上で、夜の時代に刷り込まれた余計なものは、ごっそり落ちていったのです。

余計な刷り込みやゴミが、かなり取れたことで、マスターが常々教えてくれていたこと、老子のいう生き方の神髄、釈迦の頃からの人間を苦しめる思考といったもの、これからの時代の生き方、暦に支配される生き方ではなく自分の時間で生きるということの意味が、鮮明に理解できていきます。

その食っちゃ寝生活をしていた時に、先に書いた、マスターがノートの断片に綴った、私が皇の人種の魂だと明かしてくれたのです。

●マスターの死

食っちゃ寝生活も3年目に入った２０１０年…マスターの言う通り、目に見えて時代も大きく変わりはじめてきました。もう少し待てばきっと、マスターと共に世の中で、長年研究された、これからの時代における大事なことを、一緒に伝えていくお手伝いができる…私は翼を広げて、いつでも飛び立つ準備はできている…そう思っていました。

ところが…マスターの体調が日に日に優れなくなります。あまり、電話にも出てもらえず、

心配していると、ある時、久しぶりに繋がった電話口で、マスターが、

「これまで研究したことは、全て自然の中に書き込んだ…おまんは、それを読み解いて、これから伝えて生きなさい」

という、妙なことを言われます。私は、

「先生〜、また、そんな妙なことを言って…先生がいないとムリですよ。早く、また九州に来てくださいね〜」

と笑って言うと、

「そうやな…」とどこか力無く答えられたのです。

それから、ほぼ、電話が繋がらない月日が3ヶ月以上続いたある日、突然、マスターが逝去されたとの知らせが届きます。

「なぜ!? どうして、ここで逝く? 全て捨てて待っていたのに、そんな現実、あり得ない！」

翼を広げて飛び立つのを今か今かと待っていた、渡り鳥の翼がボキっと音を立てて、もげた瞬間でした。亡くなったと聞いた日の夜、マスターの声が聞こえました。

「全て善きことだ…」

「そんな…、こんな時でも、全てが善きことなのですか?」

と問いかけると、

「全て善きことだ…」

と、その時は、悲しすぎて、その意味がよく理解できませんでした。

そして、お葬式に行く前日の夜…また、マスターの声が聞こえました。

「パソコンを買いなさい」

「えっ? あれほど、インターネットは嘘・だましが多いから、まだ見てはいけない…といっていたのに」

このタイミングで、新しいパソコンを買えとはどういうことなのか? そう思いつつも、とりあえず古いパソコンを起動すると、何かを検索したわけではなく、勝手に「東芝ダイナブック型落ち製品、半額、残り1台　今日まで!」との文字がいきなり目に飛び込んできました。

時計を見ると23時50分。

「うわ、あと10分、これ、私に見せる為のページだ、これを買えってことのようだわ」

と思い、購入手続きを済ませて、翌日、九州からマスターの葬儀へ向かったのでした。

その後、全てがカットアウトされ呆然とした状況の中で、マスターの言う「時が来るまで待

て…」という言葉と、私への遺言とでもいえる言葉となった、
「これまで研究したことは、全て自然の中に書き込んだ…おまんは、それを読み解いて、これから伝えて生きなさい」
という謎めいた言葉の意味を胸に秘め、長いこと意気消沈していたのでした。

●飛び立つ準備

マスターが亡くなったその年の暮れあたりから、12年住んでいた熊本のマンションの上の階から、騒音が響くようになりました。管理人さんに調べてもらっても、不思議なことに、上の階では誰も音を鳴らしてはいないというのです。しかし、間違いなく私の部屋にだけ音が鳴り響きます。管理人さんも確かに響く音が不思議だと首をかしげ、手だてがないというのです。

音が鳴りはじめた時期と同時に、玄関にもベランダにも、手のひらサイズの大きなクモが、巣をはるようになっていました。取っても、取ってもまるで、私に立ち入り禁止とでも言いたげのように、巣を張るのです。

この事象で、福岡、熊本と14年暮らした、九州での土地の縁は、終了したようだと理解し、

九州から生まれ故郷の長野県、かつ実家ではない、上諏訪に引っ越したのです。上諏訪に引っ越したというのは、マスターと同じくらいの年齢の両親にもし、何かあった時に、遠い所よりも近い所の方が良いと思う心情的な理由と、駅から近い場所に良い物件があったというだけで特に理由もなかったのですが、引っ越した4日後に東日本大震災が起きます。

「ああ、いよいよ、時代は本当に、今後、加速的に大きく変わりはじめる…」

マスターの言う、時を待て、といっていた、私の時というのはもう、訪れているのだろうか？　そんなことを強く思っていると、ふっと食っちゃ寝生活を始める3年前に、一旦捨てていた高度な帝王運命学で、自分の運は今、どうなっているのかと気になり、久々に調べてみることにしました。

すると、ナント、マスターが亡くなった年は、私の運命のステージが大きく切り変わる時で、更に変化を促される年で、かつ、メンタル的に悲しみの多い時と書かれていたのです。そして、九州から両親のいる長野に引っ越した年は、両親としっかり向き合う時…と書かれていました。

夜の価値感で生きている両親とは意見が合わず長く確執がありました。14年間、ほとんど実家に帰らなかった私は、マスターが亡くなり、親の住む長野に帰ったことで、だいぶ、父母達にも助けてもらい、向き合えるようになり、関係性も改善したのです。

長野の上諏訪に引っ越し落ち着くと、ここで何をしよう…そう問いかけた時、昔出逢った企業の社長の言葉が浮かびました。

「積み上げたもの、全てを捨てた時に、残るものが、本当にやるべきもの」

その言葉を思い出すと、長いこと探求してきた帝王運命学は夜の時代のもので、もう機能しなくなるとマスターから聞いていて、一度は手放しましたが、まだこの高度な帝王運命学は、この過渡期の時代に機能しているようだ…であれば、もう一度、新たな視点で研究してみよう。そして、マスターから学び得た理論は、どれだけ捨てようにも私の中で血肉となっている。であるならば、亡きマスターから学んだ、これからの時代の生き方を研究した理論と、その考え方をベースにした高度な帝王運命学を昼の時代にも通用するよう研究し直し、認識を変え、編纂して、これからの大転換時代を生きる人々の指針となるような、新たなコンテンツとして発信していこう。そう、決めたのでした。

マスターのお葬式の前日「パソコンを買いなさい」といったメッセージの意味が、ここでより強く分かりはじめます。これからはネットの時代、会社に行かずとも、ネットがあれば、全世界の人々とも繋がって仕事ができる、このように言われていたことを、長野で実現しはじめたのです。自宅にいながらセミナーやミーティングができる海外のソフトをいち早く導入し、そのソフトで、ほとんど外には出ない、引きこもり生活をしながら、セッションや講座の仕事を引き受けるようにしていきました。

2020年のコロナウイルス後の世界では、ようやく当たり前になりつつある仕事のスタイルですが、2012年当時はまだ、珍しいものでした。私が、どこに行っても自分ひとりで仕事ができ、発信ができ、仕事に困らないように、マスターが亡くなった直後に今後の時代の展望を見据えて、あまり使ったこともなかった、パソコンを買いなさいと、言ってくれたことに、今更ながら感謝なのでした。

●魂の目覚まし時計役としての天命を生きる

新たな時代は「自らの魂の目的の元に立つ」という意味の「自立」の時代です。私は、そのことをいち早く知ったことで、今後、180度変わる時代の中で、ご縁ある方々が自分自身の生まれた目的に目覚めていただき、新たな昼の時代に生かされ、運命さえもレベルアップしていく人生を歩めるよう、その礎となることを決めました。そして宇宙人生理論をベースに、新たな概念のNE運命解析学を、命を削り創り上げ、2014年6月に一般社団法人マスターオブライフ協会を設立しました。

長らく、ポキンと折れていた翼に、ようやく新たな翼が生え変わった瞬間でした。

それは、私の魂の目的を体現する為の翼。変わり種だった人生は、180度、価値観や常識が変わる昼の時代の生き方を、若い頃から身を持って体験学習で先取りして学び、今に伝える為に歩んだ軌跡とも言えました。世の中の会社に雇われたのはトータルで2年半位しかありません。それはそれで経験値として学びになりました。かといって独立してからもビジネスをしようという発想だったわけではなく、私を生かす宇宙自然、魂の信号、時にガイドの声をキャッチして躊躇することなく行動を起こしていたことで、この世の仕組みや構造、人生とは何か？　人間とは何か？　良いことも悪いことも、直に経験し、そこから気づきを得て、いつも最善な方向性へと導かれていたように思います。

マスターが逝かれた後、遺言のように私に遺してくれた言葉「研究したものは、全て、自然界に書き込んだ。それを、おまんは、読み解いて伝えて行きなさい」という言葉は不思議なことに、今では、それが理解でき、時と共に徐々に発信しています。

多くの人は今、まだ夜の時代の、見えない牢獄の中に縛られて生きています。一体、それは、どんな構造といえるのか？　第3章では、そのことを具体的に紐解いていきたいと思いますが、私は魂の声に従っていたせいか、早くから囚人の牢獄からは、抜け出ていたといえそうです。抜け出ることは世の中的には、奇人変人の部類だったのでしょうが、これほど自由なことはありません。

私の役割は、宇宙が大きくシフトしたこの時代において、ご縁ある方々が、魂の目的に気づいて、運命をレベルアップすることで、地球牢獄からプリズンブレイクしていただくこと。そして昼の時代に、自由で豊かな自分らしい人生を送れる人が増えるよう「魂の目覚まし時計役」としての天命を全うすることだと、今、強く自覚しているのです。

第3章　夜の時代からの目覚め

●宇宙から見れば夜の時代の地球は牢獄星だった!?

セミナーでよく質問することがあります。

「皆さんの中で、牢獄に入ったことがある人はいますか？」と、手は上がらず、そんな経験ないよ、とでも言いたげにニタッとされます。では「皆さんはこの地球は牢獄星で、見えない透明で広大な牢獄の中に入っていることに気づいていますか？」と聞くと、今度は、きょとんとされます。

実は、夜の時代の人類の多くは、この見えない透明で広大な牢獄の中に入っているのです。

「え〜!!　入っていません」と思われる方、もちろん比喩でもありますが、パラダイムシフトを促す上でもこれから書く内容を聞いていただきたいと思います。

私達はこれまで、先祖代々、夜の時代を生きてきました。夜という時代においては、釈迦がお生まれになった２５００年前から、何一つ変わらなかった仕組みがありました。その仕組みが、これから昼の時代に移行すると、大きく変わっていくのですが、まずは、これまでの夜の時代の世界の構造を簡単にお話しします。

夜の時代の特徴に、人々は、苦労、苦しみの中から進化を促されるというルールがありました。それ故に、苦労・苦しみという経験を強いられました。昼の時代になれば、楽で、楽しいことが当たり前という時代になってはいくのですが、私達が、そんな昼の時代にシフトする為に最も大事なことは、牢獄星と比喩される夜の時代の構造を知り、今までの深い眠りから目覚めていくことなのです。

図９は、牢獄星の地球の社会構造、支配構造を端的に表しているものです。地球という牢獄星に魂が転生しているということは、宇宙から見れば、魂的には牢獄星に来る位なので、皆、罪状があるわけです。地球においても牢獄に入る人には何らかの罪状があります。宇宙における罪状と、通常地球で罪を犯し牢獄に入れられる罪状は、もちろんですが、別なものです。

宇宙における魂的な罪状とはそれは、第２章でも書いたように、宇宙における生命の目的でもある「進化」を阻む、もしくは拒んできたという罪状なのです。では、その進化を阻む罪状とは何か?

それは、地球人なら誰もが思い当たり、誰もが心にあり、そこに苦しめられる「感情」や「反応」というものです。

精神世界でいえば、罪状とはカルマのことといえます。それが無い人は地球人にはいません。釈迦であっても、どんな聖人であっても地球に生まれたということは、大なり小なり罪状を持ち、その罪状の感情や事象から逃げずに向き合い昇華し、悟りを開いたという経緯を必ず持っています。

●罪状とはどのようなものなのか?

具体的には、進化を阻み、自分も人も良くしない感情、思考、傾向、時に出来事のことです。1000以上あると言われている様々な観念…比較観念、優越観念、善悪観念、脅迫観念、エゴ、プライド、自己否定、自己憐憫、被害者意識、憎悪、葛藤、執着、怠慢、恨み、つらみ、妬み、限りない欲望、盲信、無明の愚かさ、驕り、貪り、嘘、騙し、自己顕示欲、猜疑心、避難、攻撃、奴隷状態etc.などが当てはまります。

仏教や精神世界では、これらをカルマとも呼びます。これを見れば、地球上に罪状がない人などいません。心に手を当てれば、誰でも何かしら出てくると思います。最近は引き寄せだとか、ポジティブシンキングといったものが大流行りのようですが、確かに人間は、ずっと良いことだけをイメージして考え続けることができれば、その通りになることもあるでしょう。しかし、そればかりをイメージできないから人間として地球に来ているのです。

もし、それが本当にできて、愛に満ちている魂ならば、牢獄星の地球には、まず来ていません。今回生まれた魂の目的というのは、これらの罪状を少しでも浄化、昇華して地球牢獄から解放され魂の目的の元に自立して生きる。そして昼の時代、もしくは地球より進化したどこかの星に転生したいと思っているのです。

スピ系にハマっている人の中には、悪いことやマイナスなことは一切考えずに良いことだけ見ればいいという、安易な発想の人がいます。

それは、この過渡期に、今回生まれた魂の目的を理解できておらず、楽しいことだけ、ワクワクドキドキだけが良い人生だと思い込んでいるのです。それでは魂的な進化もなければ成長もありません。地球は魂の進化成長を促す学び舎の役目を担う牢獄星ですから、地球上のどんな大富豪でも貴族であってもワクワクドキドキだけが続く人生など与えられることはないのです。

　必ず、自分の因果律から来る罪状と向き合わせられるのがこの宇宙の法則です。

　例えていえば、楽しい遊園地に行くために、車に乗って高速道路を走っていたとします、その時にパンッ！　という音がした。パンクか!?　と思いはしたものの、いやいや、そんなことはない、遊園地で楽しい場面だけを思い描いていれば必ず行きつく…といって良いことだけ考えて走っているようなものです。結末は誰もが想像がつきます。こういった考え方を必死に持ち続けていたことで、実際に精神的におかしくなったり、極端に不都合を観ることを恐れるようになり結局、現実から逃避することしかできなくなり、更に刺激を求めて物珍しいスピ系の情報を、彷徨い歩く人も多くいるのです。


　罪状は、誰の人生においても必ず、大なり小なり出現します。その時の受け止め方と行為・行動で罪状が浄化、昇華され、天命や使命を見出すきっかけになったり、罪状が「財状」に変わることにもなるのです。

　今回の夜の時代の終焉期、過渡期に生まれたということは、この地球において、これまでの国の罪状、家系の罪状、個々の魂の罪状が一気に吹き出る時といえます。それは、人間は苦労や苦しみの中から進化するという夜の時代の法則の中で、自分の罪状を自覚して転換し、昇華していく、その為に「起こることが起こる時」といえるのです。

人間の視野から見れば、ままならない不都合に遭遇することは辛く、大変なことですが、魂的な視野から見れば、作ってしまったカルマ（罪状）の蒔いた種を刈り取れるチャンスでもあり、その為、起こることは全て善きことだと認識しているのです。私達の外にばかり向かう意識は、内なる魂の信号となかなか繋がらず、魂の意図をキャッチできていないのが現状なのです。

●地球牢獄の構造

地球にいる人類は皆、牢獄にいる囚人です。しかし、その囚人達を支配している牢名主級の特権階級の囚人がいるのです。図９を見てください。

夜の時代は、常にトップに偉い人がいました。どんな国にも、地域にも社会にも、会社にも偉い人がいます。率直に言うと、私達を支配する人です。最近、顕わになりはじめてきましたが、この世界は１％の人々が、世界の80％以上の富を持ち、残りの99％の人々を支配していきます。もう少し言うと、この１％の人々に対して、金魚のフンの如く、くっついている４％の人

図９　【夜の時代の地球の支配構造】

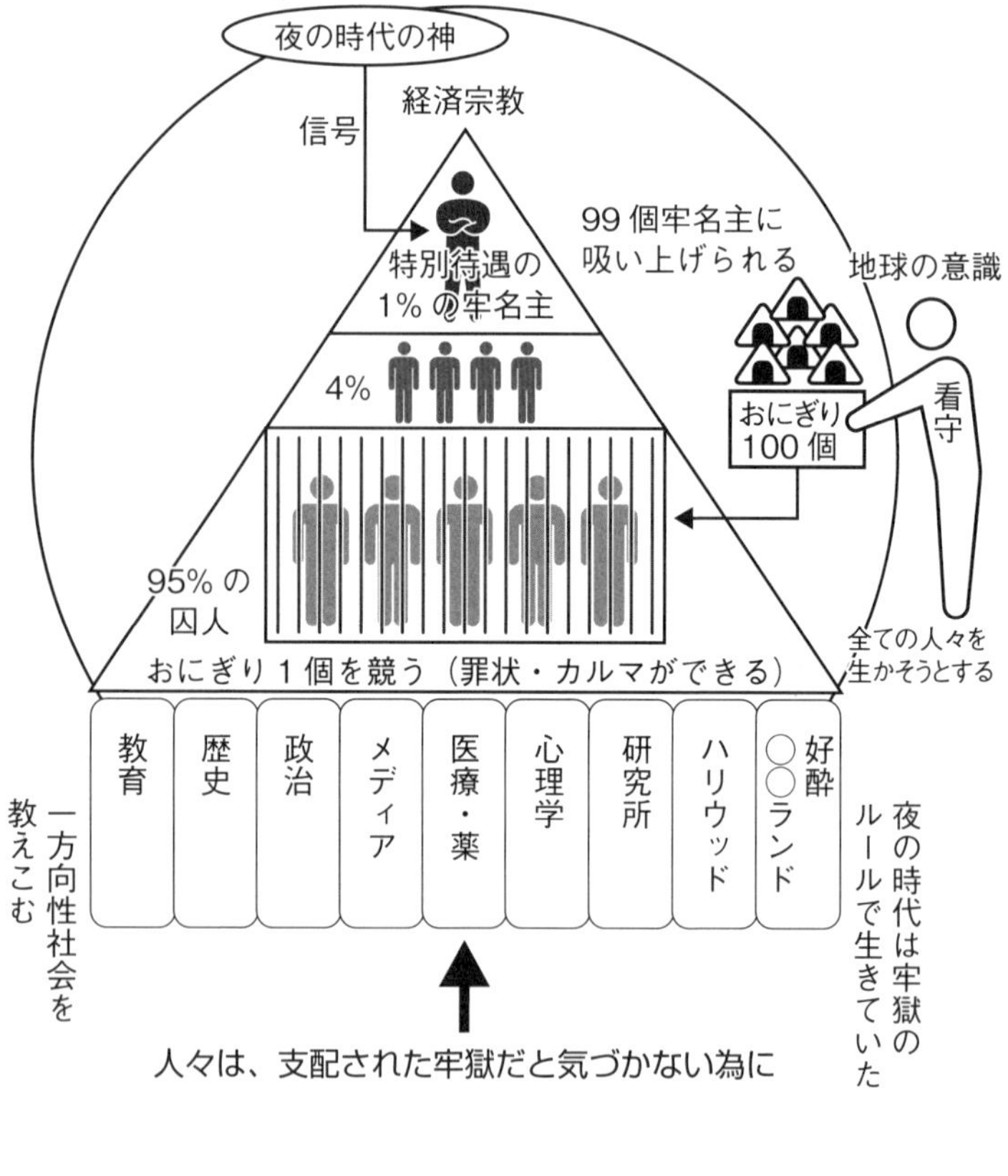
夜の時代の神
信号
経済宗教
特別待遇の
1％の牢名主
99個牢名主に
吸い上げられる
地球の意識
看守
おにぎり
100個
4％
95％の
囚人
おにぎり１個を競う（罪状・カルマができる）
全ての人々を
生かそうとする
教育
歴史
政治
メディア
医療・薬
心理学
研究所
ハリウッド
好酔
○○ランド
一方向性社会を
教えこむ
夜の時代は牢獄の
ルールで生きていた
人々は、支配された牢獄だと気づかない為に

達がいます。総じてこの５％の支配する側の人々と、残りの95％の支配される側とに分かれているという構造です。

地球は現在、圧倒的な富を持つ一部の富裕層と、平均的な中間層、世界人口半分の貧困層とに分かれています。夜の時代はこのトップダウンの格差社会が無くなったことは一度もなかった時代です。特に近代においては、資本主義の名の元に過去に例がないほどに富を持つ人と、そうでない人の格差が広がっています。

なぜ、そんな世界になってしまったのか？　格差の背景にあるのは、自然の法則ではなく、一部の人間が作り上げたルールによるものといえます。地球という惑星は一つの生命体です。地球も生命体としての意識であれば、地球にいる世界の人達を本来は生かそうとしているのです。

例えば、図９にあるように地球牢獄に１００人の人間がいたとしたら、地球は看守として１００人に行き渡るように、１００個分のおにぎりを提供してはいるのです。しかし、それは宇宙自然のルール通りに人々が生きていればの話です。実際には、一部の牢名主達が、宇宙自然のルールに反し、自分達に都合の良いルールと仕掛けを作ってしまい、地球が提供する１００

個のおにぎりの内、99個のおにぎりを自分達に流れ込むようにしてしまったのです。そして、残りわずか1個のおにぎりを、支配されている側の囚人、95人で奪い合い、人々は生きる為に、米一粒にいたるまで争い合わないと生きられなかった。この例が、夜という時代の歴史の背景なのです。

私がセミナーで同じ質問をしても、はじめは皆さん、きょとんとしています。しかし、歴史を俯瞰し、宇宙的な視野で見た地球は、図9のように牢獄星に誰もが入っているかのような仕組ともいえます。

自分は完全に自由だと、そう思っている人ほど、実は本当は根深く支配されていることに気づいてはいません。最も巧妙な支配というのは、支配されていることに全く気づくことがないといわれます。それはなぜか？　私達は子供の頃から教育という名の元に、囚人教育をされているので、社会人になってもそれが当たり前で、囚人の生き方だとは気づかないのです。

少し、囚人の生き方を想像してみて下さい。だいたい、起床も早いでしょう。6時くらいにリーンというチャイムで強制的に起こされて、みんなと同じような服を着て、牢獄の部屋の前に出て並び、リーンというチャイムで、朝食。朝食が終わったら、リーンで仕事。またリーンのチャイムで、お昼、そしてまた仕事。17時くらいになると、リーンの合図で仕事終了。ようやく残りの4時間くらいは、夕飯も入れて自由な時間。21時、最後のリーンの合図で、どんなに夜更かししたくても、明日の仕事の為に消灯。多分、牢獄の生活は、このような感じだと思います。

７歳になると、誰もが義務教育という名目の元に、小学校に通わせられます。最近は、行かない子供達も、だいぶ増えてきていますが…この小学校からはじまる学校制度は、先に書いた牢獄と同じで、全てを今度はキンコンカンコンのチャイムで、次の行動へと反応することが身に付きます。パブロフの条件反射のようですが、ここから夜の価値観、トップダウンに馴染ませ適合する為の「教育という名の一方向性社会の刷り込み」が始まっていくのです。

そこを卒業すると、今度は牢獄の囚人と似たような生活ができることが当たり前の社会人といわれるようになってきます。毎日、チャイムはならなくても、決められた時刻までに会社に行き、残業して遅くまで働いて、翌日も早く起きて、また出勤。そのサイクルの中で、潤沢なお給料がもらえるなら良いですが、僅かな給料に、更に税金が取られ、生きる為に必要な買い物の中からも消費税が取られていく。

牢獄なのか、会社なのかの違いだけで、常に周りに管理され、時間を拘束され、自分の自由な時間はほぼ無くて、仕事が終わった僅かな時間が、仕事から解放された自由と感じるだけで、これは「条件付きの自由」に過ぎません。

24時間自由と言う、絶対的な自由など、ごく限られた僅かな人しか得ることはできなかったのです。

どんな環境においても、常に自分の時間と労力とエネルギーを提供することで、僅かな自由とお金を得ますが、そのエネルギーの多くは、トップダウンの社会構造の上位の人々に収奪される構造の中で生きているのです。

人々は、支配者が長く労働をさせる為と、税金を納める期日を明確にする為に作った暦に支配され、条件付きの自由が当たり前だと思う社会構造の中で生きていたのです。支配側は未来永劫、子々孫々に至るまでの絶対的な自由を享受する為に、都合の良い既得権を作り、常にその仕組みが通るようコントロールするネットワークを作ってきました。その構造は人々には分からないよう、常に闇に包まれていたのです。支配されていて自由ではない人々が、自分は支配もされてないし自由だと疑うことなく思わせること。これが、支配の最も崇高なやり方ともいえたのです。そこに大きく影響を与えていたのが夜の時代の一方向性社会の教育だったともいえるのです。

●夜の時代は皆、同じ宗教に入らされていた

夜の時代、この地球に住む人類は、ほぼ全員が同じ宗教に入っています。宗教というとキリスト教やイスラム教、仏教をイメージしがちですが、そうではありません。支配する人々が作った宗教です。歴史上、彼らの作った宗教や仕組みに入りたくないと言って、反抗する人は、だいたい滅亡させられています。この支配者達が作った宗教こそが「お金がないと何もできない」「すべてお金次第」という誰もがそう固く信じる「経済宗教」なのです。

確かに、お金は便利な仕組みと道具です。しかし、このお金というタダの媒体を使って、夜の時代の支配する位置にいる人々は、巧妙に収奪構造を作り上げ今に至ります。

宇宙には地球のような収奪構造の星もありますが、人々の意識が進化した星は収奪ではなく循環構造のシステムなのです。地球に来て転生を始めた魂の多くは、残念ながら一種幼く、偉い人の言うことを信じて従う傾向の魂を持つ人々と、一部の嘘だましが上手い魂を持つ人々の割合で成り立っています。

太古の昔に一部の、慾深く、嘘だましが上手い魂を持つ人間は、地球の地下にある鉱物のゴールドやシルバーに価値を見出します。ゴールドやシルバーを持つことを富や権力の象徴として作り上げたシステムに、人々は疑うことなく取り込まれてしまったのです。

時に、為政者側が私利私欲に走り腐敗していくと、その体制に反発する抗議や暴動、一揆や、市民運動のようなことを起こしても、必ず、鎮圧されてしまうのがお決まりでした。夜の時代は収奪する支配者に逆らうと命が無い…そういうルールの元に動いていたのです。

いつしか人々の心理は、より良く生きる為には、ゴールドの兌換券である紙幣にお金としての価値を移し、お金は絶対に必要で、お金をたくさん稼げるかが豊かさでありしあわせだとする社会構造が出来上がってしまいました。それは、あらゆる組織や団体、企業は元より、神を名目に置く、実際の宗教も同じでした。

この社会構造がもたらした魂的な因縁因果の禍根は、地球にとっても、人類にとっても大きかったといえます。

地球の歴史は、土地やお金になる資源の奪い合いの歴史であり、紛争と戦争の歴史でもあり、トップが下からエネルギーを収奪する構造の歴史でもあります。

お金や支払いの為に多くの人々は飢え、家族を売り、生きる為に盗み、騙し、騙され、人を殺し、殺され、自殺に追い込まれたり、古今東西、古くから様々な悲劇を招いています。そこから、人類は様々な魂の因縁因果を塗り重ねてきてしまいました。

●一方向性社会の教育とは

夜の時代の一方向性社会とは、皆同じ、ひとつの方向性に仕向ける社会のことです。これまでの教育は、小学校から中学、高校と学校に通うのが当たり前で、その中で、一方向性社会に馴染むような精神性を暗黙の内に学んでいきます。

読み書きや基本的な計算ができることまでは大事なのですが、弊害として、人との優劣観念、比較観念が否が応でも刷り込まれ、かつ、集団の中で各々の個性や感性にも矯正がかけられました。しあわせの概念も、生き方も働き方も学び方も、みな同じで、違いがあることや、はみ出す者は認められにくいといえました。その中でナンバーワンになることが最も賞賛されることだったのです。自分が自分らしく、魂の思いの元に自由に生きる為の知恵や感性、学びを得ることは、なかなか難しい教育環境だったといえます。

資本主義や共産主義といったイデオロギーを言っているのではなく、夜の時代においては、根本的に人々の求める良い暮らし、良い生き方のベースには、経済宗教があり、慾とエゴを満たす物質主義、地位名誉、利権の獲得、人よりも上に登れることが豊かさ、誇らしさに繋がるという思考の元に成り立っていました。

一方向性社会の教育として、最も分かりやすい例は、男の子は泣いてはいけない…女の子はしとやかに優しく…といった観念に代表されるように、女性のしあわせとは、こうあるべき、男性とはこうあるべきという価値観が色濃く刷り込まれていきました。

特に夜の時代の女性のしあわせな価値観とは、早く結婚して子供を産んで、全てを家庭と旦那に尽くし良妻賢母の鏡のような主婦となること。いつしか子供が無事成長し、結婚して孫が生まれ、孫が結婚する時まで生きていられたら、この上ないしあわせだ…多少、極端にしろ、これが女性の生き方だと、ほんの30年位前までは、多くの人がそう思っていた時代です。

片や男性の場合は、戦争のない時代でも戦場は会社へと変わり、商売道具の弓や刀、鉄砲は首から下げるネクタイに変わり、会社の兵士となり働き続けます。家族を持つと、家族を養うために35年ローンを組んで家を買い、会社の為に家族の為に良い生活をする為に、良い会社に入り、生涯会社に雇われて出世競争に打ち勝って行くことこそ良き人生だと、多くの人はこういう意識で働いていたのが一般的でした。

●個性は矯正させられた時代

人の自由な生き方、個性を自然界の生き物に例えると分かりやすいのですが、一番優秀な動物は、長い鼻と四つ足の大きな体、大きな耳を持ち、アフリカの大地を悠然と歩くゾウだと、誰かが決めたとします。自然界の生き物は、多種多様でゾウだけが偉く優秀だということはないのですが、一方向性社会の中では、空を飛ぶ鳥だろうが、海の中にいるイルカだろうが、陸にいるネコだろうが、皆、ゾウになりなさい！　ゾウのようになることが、優秀でしあわせになることなのですと、幼い頃からゾウになる為の教育という名の矯正がかけられていくようなものでした。

本来、海の中のイルカはどうがんばっても陸のゾウにはなれません。しかし、夜の時代の一方向性社会においてはゾウになれないイルカは、落ちこぼれというレッテルが張られ、ダメ呼ばわりされたのです。

●縄文時代はひとつ前の昼の時代だった

本来、自然環境に適合して生きる人間であれば、別々の個性を持ち、独自の感覚に従い、自由に自分らしく、何らかの才能を発揮して、他者と共生し合い、生きていきたいのです。日本における、ひとつ前の昼の時代は縄文時代でした。縄文時代は、そんな自由な生き方ができていた時代だったといえます。

ひとつ前の昼の時代は、于由の光というエネルギーが大量に宇宙から降り注がれているので、地球環境は原始的ではあっても、そこで生きる人類にとっては豊かだったといわれます。大地や海の恵みが豊富にある中で、食べたい時に食べ、寝たい時に寝ても、飢えることは無かったといわれます。お腹がすいたと思えば、木の実や野草という大地の恵みを食べ、美味しいものが食べたいな、と思えば川で魚を釣り、走っている野ブタを捕まえる。かつ昼の時代は、人々の精心性が発達する文明であった為、自分はどこに行って何をすれば、樂しく生きられるのかを、誰に言われずとも直感的に分かっていたといいます。

個々が自然環境と同通するサイキックな感性を持ち、それらを自由にアートにし、日常生活の中に取り入れ、また他者に提供し樂しんだりしていました。縄文の土器の数々を見ると、今とは違った高度なテクノロジーを持っていたともいわれます。楽ではなくても、生きることは樂しかった時代。そして人々は、争うことなく平和に過ごせていた時代だったのです。

●夜の時代のはじまり

しかし、夜の時代は、昼の時代に降り注がれていた于由の光のエネルギーは失われていきます。夜は昼に注がれたエネルギーを電池のように消費して生きるしかない環境にシフトします。

人々にとって十分なエネルギーや食物、資源が直感的に手に入れられない為、自然の恵みのみで自由に生きることは厳しくなり、小規模な親族の集まりから部族が協力して、米や麦を育てはじめるという農耕を取り入れたスタイルに移り変わっていきました。

農耕を中心にした共同体の存続は天候に左右されます。米や麦だけを主な食料として育てているだけでは、その年によっては人々に十分な食料が得られないことも多く、不作が続くと、自然界の太陽や大地に祈りをささげるようになっていきます。すると、その中から、いつしか神のお告げと称して、指示命令を人々に言い出す者が現れるようになったのです。本来、昼の時代は各々が于由の光をキャッチしていたので、ひとりひとりが、どこにいけば食べられるか、どこに行けば身は安全かといったことは、自分で分かる一種のサイキック能力が培われていましたが、夜の時代になると、于由の光が届かなくなる分、自然と同通できる感性やサイキック能力は萎え、唯一、困った時に先のことが分かる、神のお告げを言う人々に否応なく従って生きるようになっていきます。

●支配する者達の出現

彼らは神官や巫女と呼ばれ、人々は「この時期に種を蒔くと豊作になる」といったことや「不作にならない為に神が生贄を出せと言っている、出せば豊穣の年となる…」といったことを神がかって言う彼らに畏敬の念を感じ、従ってみると、本当に豊かになったりするのです。すると人々は、神官達を信頼し敬うようになります。敬われた彼らは神の言葉を降ろす神官から、いつしか力を持つ王となり、人々の上に君臨していったのです。

その形態はいつしか王を中心とした国となっていきます。王が強い力を持つようになると、人々を飢えさせない為に、更に神のお告げだと言っては、より効率良く、他国を侵略して、金品や物を奪い版図を広げていく行為を繰り返すようになります。

夜の時代では、エネルギーが無い地球上で、力のある王（支配者）の元、人々は常に、食料や物資、エネルギーの奪い合いの戦争に従事させられ、他国を侵略し、奪うことで物質を多く持てることが国の豊かさ、強いては、その国に住む個人の豊さにも繋がるという物質重視の文明が出来上がっていくのです。

●戦争によりもたらされた文明

夜の時代の文明とは　昼の縄文時代のように人々は、自然環境の声を聞き自由にやりたいことをやり、行きたいところに行き、精神的に楽しく豊かに生きられていた精神文明とは異なり、物質の豊かさにのみ重きが置かれた時代でした。

戦争に勝つ為に、強固な武器が生み出され、武器で勝り戦争に勝てば、国の経済も潤う構造。その結果、武器は形を変えて、強固な農耕器具となり豊穣に貢献していきます。

更に快適な生活環境を作るインフラ整備の為の道具にも変身していきました。戦争に勝つ＝産業が発達する＝国の経済が潤う＝物質文明の発展という循環が起きていたのです。宇宙人生理論では夜の時代にもたらされた物質文明を「低物質文明」といっています。

その文明の仕組みは、古代から中世・近世・近代・現代においても大して変わりなく、神官から王へ移行し、支配する者達が作り上げたトップダウン構造は、今も続き機能しているのです。私達が普段使っているスマホやインターネットも大本は、戦争に使われたスパイ兵器がインフラとして日常的になったものでした。医療の発展も実は、いかに人を効率よく殺せるかの研究が根底にありました。

こうして夜の時代の物質文明の豊かさは、1秒も止むことなく続いている戦争がもたらしたものであり、夜の時代の狙いは、物質文明を発展させることにテーマがあったともいえるのです。

于由の光が廻る、昼の時代になれば、大きくこれまでの物質重視の低物質文明はシフトし、これまでに、培った便利な物質は引き継ぎつつも、精神的なものへと重きが置かれる「高度精心文明」へと、移行するのです。

●「正しい生き方」から「自由な生き方」へ

夜の時代の価値観は、「正しい生き方」というレールの上から外れないことでした。教育も子供の頃から、全ての科目が人よりもできて、秀才であること、いい大学に入り、良い企業や官庁に入り、出世して上に行くこと、一番になることが、幸せだと思い込まされてきた時代でした。国をあげて秀才教育を推し進めたので、そこからおもいきり落ちこぼれた人、ひとつしか得意なことがなかった人、全体のルールから外れて「自由な生き方」をする人は「変な人、変わった人」「奇人変人」と呼ばれ、奇異な目で見られてしまう存在でした。

しかし、これからはじまる新たな昼の時代は、一方向性社会が終わり、全方向性社会へとシフトしていきます。于由の光が地球上に降り注がれる量が増えるほど、人々も徐々に今まで通りの一方向性社会で刷りこまれた「正しい生き方」「枠や型にハマった生き方」「認識、価値観」のまま生きていると、違和感や、息苦しさを感じはじめて、非常に生きにくくなります。昼の時代は、自分の特性を知り「正しい生き方」ではなく「自由な生き方」「心が喜ぶ生き方」「努力しても少しも苦には感じないことをやり」「楽で樂しく、スムーズに進む生き方」に切り替わっていきます。

生き苦しさや違和感を感じている人は、すでに魂的にシフトが起こっている状態なのですが、こういった背景を知らないと、トップダウンの枠や型の組織や会社や学校に行けないことで、自分はどこか、おかしいのではないか…と心配のあまり鬱になってしまう人も多いのです。むしろそれは、時代の変化を、頭より魂や身体のほうがいち早くキャッチしていて、シフトを促されているタイミングだと認識してみると良いかもしれません。そういう時はしばし休息して、自分を見つめる時間を取ると良いかと思います。

●今の人類は46代目のＤＮＡを持つ

宇宙人生理論では、人類は１万年のサイクルで学びをしているといわれています。図10昼の時代２５００年、夜の時代２５００年、これで宇宙の自転５０００年です。更に再度、昼の時代２５００年、最後に夜の時代２５００年の約１万年のサイクルで地球の学びをして終了し、どこか他の星か別の次元に移行していくと言われています。今の人類は46代目のＤＮＡを持った人類ということになっています。今は、そのサイクルの２回目の昼の時代に突入しています。世間では縄文ブームも起こってきているのですが、私達のＤＮＡをはじめに持った人々は日本

図10　人類の変化　地球環境１万年のサイクル

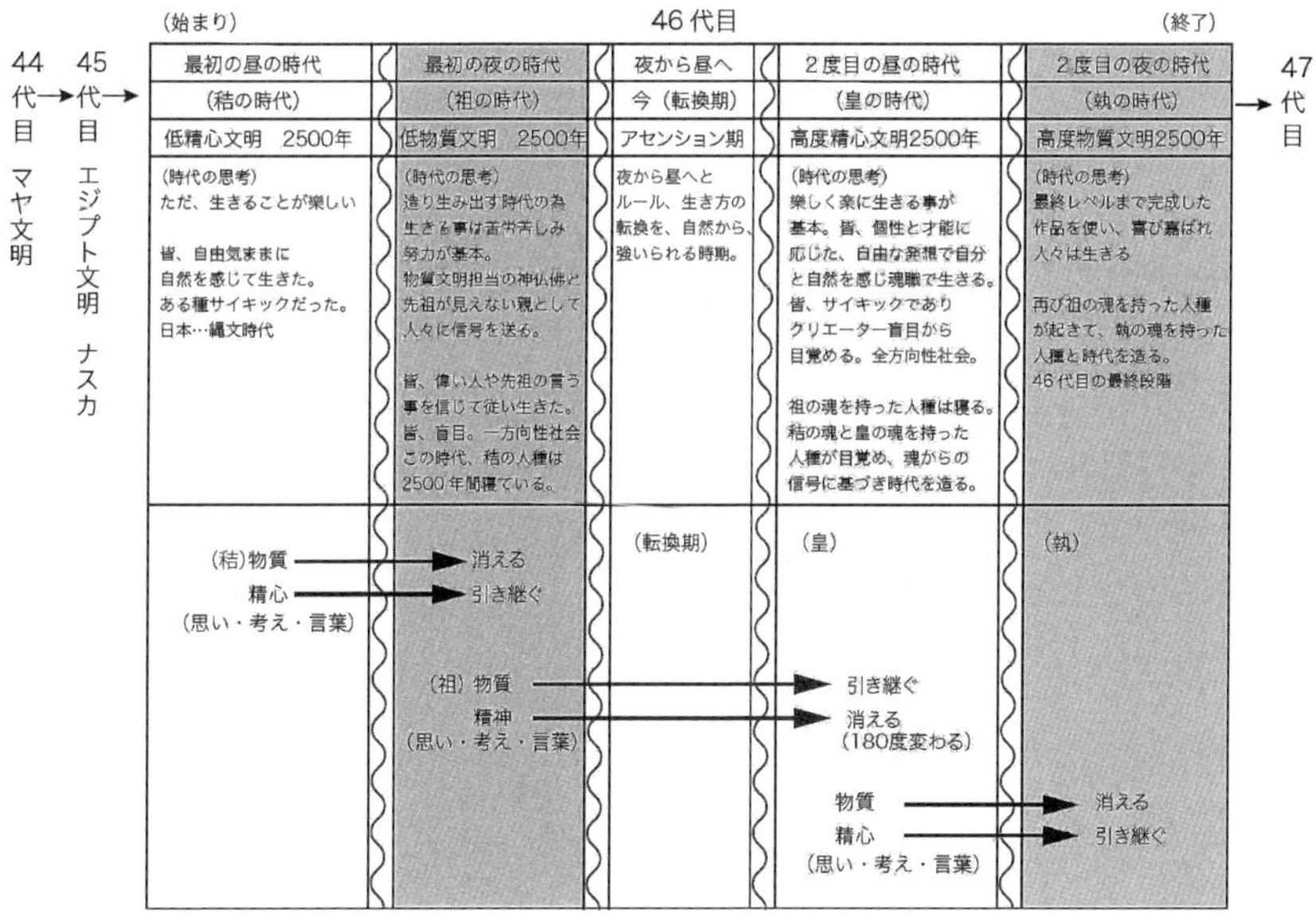

(始まり)
46代目
(終了)
44代目
45代目
47代目
マヤ文明
エジプト文明　ナスカ
最初の昼の時代
(秸の時代)
低精心文明　2500年
(時代の思考)
ただ、生きることが楽しい
皆、自由気ままに
自然を感じて生きた。
ある種サイキックだった。
日本…縄文時代
最初の夜の時代
(祖の時代)
低物質文明　2500年
(時代の思考)
造り生み出す時代の為
生きる事は苦労苦しみ
努力が基本。
物質文明担当の神仏佛と
先祖が見えない親として
人々に信号を送る。
皆、偉い人や先祖の言う
事を信じて従い生きた。
皆、盲目。一方向性社会
この時代、秸の人種は
2500年間寝ている。
夜から昼へ
今（転換期）
アセンション期
夜から昼へと
ルール、生き方の
転換を、自然から、
強いられる時期。
２度目の昼の時代
(皇の時代)
高度精心文明2500年
(時代の思考)
楽しく楽に生きる事が
基本。皆、個性と才能に
応じた、自由な発想で自分
と自然を感じ魂職で生きる。
皆、サイキックであり
クリエーター盲目から
目覚める。全方向性社会。
祖の魂を持った人種は寝る。
秸の魂と皇の魂を持った
人種が目覚め、魂からの
信号に基づき時代を造る。
２度目の夜の時代
(執の時代)
高度物質文明2500年
(時代の思考)
最終レベルまで完成した
作品を使い、喜び喜ばれ
人々は生きる
再び祖の魂を持った人種
が起きて、執の魂を持った
人種と時代を造る。
46代目の最終段階
(秸)物質　消える
精心　引き継ぐ
(思い・考え・言葉)
(転換期)
(皇)
(執)
(祖) 物質　引き継ぐ
精神　消える
(思い・考え・言葉)
(180度変わる)
物質　消える
精心　引き継ぐ
(思い・考え・言葉)

で言えば縄文人、はじめの昼の時代の、昼の桔《ケツ》の人種と言います。
今、また再度、昼の時代の廻りになってきているので、縄文時代に生きた魂を持つ人々も、たくさん転生しているわけですが、彼らは、地球に現れては消えた人類の、46代目のはじめの人類と言われています。
そのひとつ前の45代目の人類というのは、エジプト文明やナスカの地上絵を描いた人々です。

現代科学の認識で、いくら私達がエジプトのピラミッドを研究しても、なかなか解明されない理由は、基本的に私達のDNAとは違う45代目の人種の人達が造り、かつ1万年サイクルの最後の2500年の2回目の夜の時代の高度に進化した、精心文明と物質文明の段階に到った人類が造った遺物なので、全く用途が理解できないということなのです。更にもう一つ前の44代目はマヤ文明だと言われています。

一つ前の昼の時代、日本の縄文時代というのは、于由の光が当たっていたため、エネルギーに満ちていて、基本的に、人は苦しまなかった時代です。まず、縄文の人達というのは、所有の概念がなかったといわれています。ただ残念ながら、魂は幼いので、基本、親と言われる人達がいました。親は自然界です。自然界で、例えば、お腹が空いたな、と思えば、りんごがポンと落ちてきて、美味しいもの食べたいな、と思えば、豚が走ってきて、と自然界は厳しいけれども充分な供給があり、困ることがなかった時代でした。非常に自由で気ままに生きていけました。縄文土器などを見ると分かりますが、一種独特なテクノロジーを持っていた、といわれています。

私達のようにスマホはなかったとしても、遠隔移動装置や転送装置などはあったと言われます。そして、トップダウンの収奪の仕組みではなく、みんな宇宙自然と同通できるサイキックだったので、自然と繋がり、共生し、樂しく生きられる時代だったということです。

その昼の時代がまた訪れようとしています。故に縄文人の魂を持つ人も多く生まれてきていて、縄文時代の生き方が注目されてきているのではないかと思います。とはいえ夜の時代というのが、悪いわけではないのです。今のテクノロジーができたのは、夜の時代の人種の方々のおかげです。特に日本人は、信じて従い、一生懸命に真面目に働く人が多かったからこそ、便利な物がたくさん作れたわけです。

昼の時代の人種というのは、自由気ままなので、誰か偉い人に「朝早く起きて、万里の長城を作ってこい」なんて言われても、誰も作りには行かないでしょう。今の若い子や、学校に行かない子、会社に行かない人が増えているのも、魂的に昼の時代の魂を持った人が増えているという背景があるからです。

夜の時代というのは、ある意味、物質文明を作る時代でした。そして今は、昼の時代へ移行する過渡期（アセンション期とも呼ぶ）です。この過渡期というのは、夜の支配されていた時代に作ってしまった色々な魂的な罪状が吹き出ます。浄化、昇華させないと昼の時代に移行できないからです。いかに持って生まれた罪状を軽くするかが非常に問われていきます。なぜなら、夜の時代と昼の時代というのは、全く周波数が違うからです。

昼の時代というのは、非常に楽に樂しく生きることができる時代です。一つ前の昼の時代、縄文時代というのは、生きることは樂しかったけれども、楽ではなかった時代でした。

夜の時代というのは、戦争に勝つために物を作り出す時代だったので、努力して、苦労して、苦しみの中で生きていく時代でした。これからは、罪状がクリアされてくると、樂しくて、生きるのが楽な時代となっていきます。余計な先祖の信号もなく、生きる方向性が定まった、サイキックのような人達の時代になってくるのです。

これからの昼の２５００年が終わると、再度埶《ゲイ》という夜の時代が廻ってきます。この時代は最終文明で、精心も物質もどちらも高度なものとなり、人類はそれを謳歌して次の進化を目指して次元上昇か他の惑星へと移行して行くと言われています。ひとつ前の45代目のピラミッドを作った人類もその前の44代目のマヤ文明の人々も、そのサイクルを終えて、地球学校を卒業して行ったのでしょう。

●これからの昼の時代は、夜の価値観を全く引き継がない

その時代ごとに、精神と物質にも違いが起きます。図10の下の部分を見て下さい。まず、一つ前の桔《ケツ》という昼の時代から、今までの祖という夜の時代に、物質というのは、引き継ぎませんでした。縄文のテクノロジーというものはあったのですが、それは引き継がなかったので全て消えています。けれども精心（思い・考え・言葉）は、引き継ぎました。夜の時代になると、今度は、先ほどとは逆に、今あるテクノロジーや物質はそのまま引き継ぎ、精神は引き継ぎません。今までの物の考え方、常識、価値観、観念が、昼の時代になればなるほど、全く機能しなくなるということなのです。トップダウン構造の中で培われた常識、価値観が崩れていくのです。

昔、ニュータイプという言葉が流行りましたが、今の昼の時代の魂を持つ子供さんの多くは、

まさにニュータイプで、これまでの夜の価値観から見れば、全く、感覚や考え方が違う子が多いと言われます。それは、昼の人種の魂を持っているといえるからなのです。

●今生まれている子供の多くは昼の時代の人種!?

今や、学校に行けない不登校や自ら行こうとはしない登校拒否児が13万人とも14万人とも言われています。今生まれている多くの子供達は、昼の時代の人種といえます。分かりやすく言えば、ひとつ前の枯といわれた昼の時代、縄文時代に転生を繰り返し、自由な生き方を好んだ、魂を持つ人が、今、多く生まれているのです。トップダウン構造の中で、人よりも上を目指すという感覚や、集団の中で同じようにして学ぶこと、全体の中で比較され、時に個性に矯正が掛かることとの経験が魂的にない為、夜の時代の価値観や嘘の歴史、夜の時代の学問、正しさを刷り込まれることは苦痛で仕方がないのです。更に、直感的に自分の将来に役に立たないと感じる教科を学ぶことに意味が感じられません。

これまでの教育は、富国強兵の為の、信じて従わせるソルジャー教育がその起源であり、秀才を目指す教育でした。昼の時代に向かう今、魂の目的、得意とすることを見出し伸ばす、天才教育にいよいよ、シフトしていかざるを得ない時代に入ったといえるようです。

●発達障害も昼の人種の特徴か!?

今、発達障害の人が増えたと言われます。ＡＳＤやＡＤＨＤ、ＳＬＤという症状にカテゴライズされ、特性が複合している人も多々いると言われますが、それは本来、障害ではなく、その特性は、昼の時代の人種の特徴かもしれません。

一方向性社会のトップダウンの構造においては、トップの人の言う事を聞き、人と同じように振る舞わないといけない社会構造の常識を逸脱するので、障害とみなされ、医療的に薬を出しやすくする為に症状として扱われただけなのです。

安易に薬を飲ませてしまうと後々、大変なことになり兼ねません。

夜の時代は、秀才型の人が活躍し、昼の時代は天才型の人が活躍する時代と言われています。ここでいう秀才型というのは、人よりも記憶力があり、一通り何でも平均点以上にできる人のことです。当然、良き企業や組織に入れたり、社会に出れば、本音と建て前、裏と表を使い分け、コミュニケーションを上手く取り、世渡りが上手かった人もいたでしょう。

昼の時代では唯一、特化したことしかできず、いわば、秀才ではなく、天才型の人が活躍する時代と言われます。これからの時代は、過去の常識や記憶や価値観はあまり通用しなくなります。と言うことは、秀才型がこれまでインプットした過去データや、古き社会システムの情報の累積が頭脳にいくらあったところで、機能しないことのほうが多々あるわけです。それよりも、人とのコミュニケーションは多少、苦手でも、自分の得意な分野においては、全く過去になかったものを宇宙空間からダウンロードできる閃きやアイデアを持つ天才型の人が、大いに活躍できる時代になるのでしょう。

エジソンやアインシュタインや、スティーブ・ジョブズ、ビル・ゲイツも、ハリウッド俳優のトム・クルーズ、最近の研究ではレオナルド・ダ・ヴィンチも、発達障害のカテゴリーに当てはまると言われます。発達障害と言われる人々は皆、他のことは、最初から苦手と分かるので、早いうちから、自分ができることのみに気づき磨く為、魂職を見出しやすいのです。夜の時代は、何でも平均点以上が取れる子を優秀とする、秀才教育型の教育だったので、自分の個性や才能が何なのかが分からない人が圧倒的でしたが、昼になればなるほど、自分の魂の目的に基づいたものしか、できなくなると言われます。

特に昼の人種と言われる人々はそれが顕著なようです。これからの子供の多くは発達障害のような特徴が出てくるといえるかもしれません。それを、教育関係者や社会が理解していかないと、人類に寄与する天才を潰しかねないともいえます。競争して人を蹴落とすのではなく、得意なものを伸ばす天才教育で苦手なものは得意な人が補い合う、お互いさまの文化という社会構造が整えば、自分の得意なものでコラボしていく時代になっていきます。

●全方向性社会の到来、昼の時代は奇人変人でＯＫ！

近年は、ダイバーシティ、多様性社会という言葉が頻繁に聞かれるようになってきましたが、まさに、昼の時代の「全方向性社会」を代弁する言葉だと捉えています。これまでのように支配者や国が暗黙の内に方向づけた「正しい生き方」と言う定義は機能しなくなっているのです。時代は、いよいよ先に書いた、皆、ゾウになりなさい…と言う一方向性社会の教育ではなく、イルカはイルカ、ネコはネコ、鳥は鳥として、皆、本当の自分を生きましょう。という昼の時代の全方向性社会へとシフトしているのです。

昼の時代は「奇人変人」と言われるとしたら大いに結構なことと思ってください。実際に、奇人変人の字を崩して見ると、大きな可能性を持つ人とも読めます。変人は、変われる人なのです。大転換していく時代に変われない人は、残念ながら古き時代に取り残されてしまいます。

大きく変わりながら、そこに大きな希望と可能性を持って生きていく人が、新たな時代からも生かされるのです。

●政治から聖慈へ

これまでの政治は一方向性社会の仕組みを維持するためのものだったといえます。夜の時代の政治は、結局トップ1%の人々にとって都合の良い制度を通す為の政治屋さんがほとんどで、トップダウンの下に位置する人々から収奪し、既得権益をいかに維持できるか、それが政治屋さんの仕事になっていたのです。

日本は三権分立の統治体制になっていますが、名目だけで既得権益の為に分立になっておらず、裏では常に表には分からないように、様々な癒着がはびこっていたといっても過言ではなかったかもしれません。

国の大統領にしても、総理大臣にしても、ノーベル賞から、官僚から、国の表舞台に立つ人は、ここの1%の支配する黒幕側の人々の意向がなければ成れない、出世しないという暗黙のルールがあったわけです。

たとえ、その地位に一時は上ったとしても、彼らの言うことを聞かないと、大統領でも総理大臣でもあらぬ嫌疑をかけられて辞職に追い込まれ、潰されたり、下手をすれば暗殺されたなんてことも、実際にあったのです。

夜の時代は嘘だましが上手い人ほどトップに上り詰め、国を憂い庶民の窮状を何とかしようと、為政者の不正を暴こうとする人は、だいたい、国家権力の元、潰されて長生きしないか、突然、警察に連れていかれ社会的に抹殺されるというのが、夜の時代には当たり前だったといえます。

昼の時代になると政治は「聖慈」という意味に変わっていくと言われています。夜の時代の政治屋は徐々にいなくなり、本当に国民の為に人々を支える下支えとして働く聖慈家が出てくるといわれます。昼の時代は、于由の光に照らされるので、これまで国家権力の元に隠れ、甘い汁を吸っていた人々も、嘘だましが通用せず、隠されていたことが全てあきらかになる時代です。政治屋や官僚国家権力の傘の元に不正を働いていた場合は、誤魔化すことはできなくなり、これまでのようにトップにいて、やりたい放題ということにはならなくなると言われます。

●メディアとハリウッドの罠

政治と共に夜の時代に、強い影響力を持ったのはテレビをはじめとする新聞ニュースというメディアです。今ではテレビを見ない人が増えましたが、ひと昔前までは、お茶の間にある四角い箱の前で家族全員同じ内容のテレビを見て、そこから流されるトップの人間達に都合よく編集されコントロールされたプロパガンダニュースを疑いもなく見ては、すっかり信じ込まされていたのです。テレビは支配層が仕掛ける最も効果的な国民への洗脳ボックスでもあったのです。

最近はYouTubeやSNSのおかげで、これまで隠されていたことがどんどん明らかになってはいます。多くの人が、夜の時代に隠されていた真実を知ろうと思えば、昔に比べれば、はるかに情報がオープンにされる時代になってきたといえます。しかし、過渡期の今はまだ真実が簡単に見える時代ではありません。なぜなら、誰もが簡単に発信ができる環境は、支配層のみならず、あらゆる人々が、ネットの中で嘘や虚偽の情報をいとも簡単に流せるからです。真実を見極められる感性と知性を培っておかないと、多くの人が簡単に騙されていることにさえ気づけない…まだまだ、そんな時代といえるのでしょう。

更にテレビよりも歴史が古い映画も、元々は19世紀に動く写真としての技術革新からスタートしていますが、映像が人々に及ぼす影響力の大きさに目を付けた支配者側は、映画を最も効果的なプロパガンダとして活用していきます。約100年前、一番最初に取られた映像記録というのは、戦争を記録したものでした。その記録映画に目を付けた、当時戦争を遂行させたいトップの人間達が「国を守る使命感で君達の夫や息子は戦っている」という戦争プロパガンダ映画として国民に見せはじめたのです。

映像の力というものは大きいものです。それが、たとえ、支配者の意図があり作られた虚飾の産物であっても人々は情動や感情を動かされ、真実のものだと錯覚します。

よく考えてみてください。誰もが争いや戦争はしたくないはずです。しかし、それを国や一部の既得権益者の利益の為に鼓舞する人々いて、戦場で勇敢に戦う自国の兵士の映像や敵国がいかに野蛮でおぞましい人種かという、大義名分となる映像を見せられると、やはり、戦争は正義となり、戦争で敵国を倒さねばならないという心理に人々は傾いていくものです。そういう人心掌握の為に映像は古くから使われていました。

第二次世界大戦中に日本を敵にしたアメリカは、日本という国と国民が「戦争好きの野蛮な国だ」というプロパガンダ映像をハリウッドに作らせ流していたと言われます。日本は原爆を落とされましたが、原爆が落とされて当然だという風潮を、メディアを使ってアメリカ国民を洗脳していました。戦時中のハリウッドはその映像も担ってもいたのです。

実際、今でもハリウッド映画は暗黙のメッセージを、見るものに与えています。私の知人の中には、トップの人々の情勢に精通している人がいるのですが、彼は、世界のトップの人間たちが、この先、どのような世界へ誘導しようとしているのかを最新のハリウッド映画を見て、そのシナリオに隠されたメッセージを読み解いています。

私のマスターも、世の中でヒットする映画やドラマCMは注意深く観察していなさいと言っていました。それらには人類の集合意識から現れてくることや、今後顕在化してくるものがいち早く、映像やメッセージになっていると。

確かに、優れた映画は、今を生きる私達の勇気や気づきになることもあれば、新たな昼の時代への示唆となるものもあります。しかし、その反面、人々に夜の時代のままの価値観でいてほしいという意図がそのまま見え隠れするものもあるといえます。特にお金をかけて、世界中で公開される映画には、それだけ影響力があり、支配者側の様々な意図や仕掛けが、シナリオに埋め込まれているように思います。

●「ありのままで」も洗脳フレーズ!?

例としてよく話すのは、2013年に公開され大ヒットした某アニメ映画。美しいアニメーションの映像と音楽、その中で繰り返される印象的な「ありのままで」というフレーズ。大人から子供まで口ずさみ、一世を風靡しました。しかし、時代的に変化が加速し、人々は大きく変わる時代の中で、時代に環境適合し柔軟に自分を変えて行く力を培わないといけない時に「ありのままで」いいわけがないのです。

もちろん、今のありのままの自分の状態に心から満足している人や、人との比較もなく、自分を正直に生きている人であれば良いのですが、多くの場合、自分は人に対して嫉妬深いし文句も悪口も平気で言うけど、それが「ありのまま」だから、変える必要はない…変わらなくても良いと、おかしな捉え方をしてしまう人も結構いたのです。

進化成長することを阻む、言い訳の正当化として「ありのままで」いいという言葉を使っていたとすれば、魂はもう、目覚めて進化の方向性に向かっている時期に、進化ではなく停滞、衰退の方向性に流されてしまうことになりかねないといえます。

それでは、いつまでも目覚めない、盲目の人であって欲しいという支配者の意のままとなってしまいます。流行るハリウッド映画には、その背景に、流行らせたい意図や狙いがあるということを、見極めておくことも、過渡期の今を賢く生きる上においては大事なのではないかと思うのです。支配者というのは、あらゆる分野で希望の着ぐるみを被せた、巧妙なプロパガンダの物語を作り上げ、支配することに長けている人々と言っても過言ではないのかもしれません。

●医療や薬は支配者側の良きビジネス

また医療や薬という分野も、トップ5％の人達のビッグビジネスともいえます。今たくさんの新薬が、何億ものお金を投資して開発されていますが、病気は減るどころか、その数は増えています。

最近は、医療や薬の裏や仕組みのことを肌で感じ理解している、意識の高いお医者さんと、対談や、やり取りをさせていただいていますが、日々現場で患者さんと向き合っていると、今の医療の制度や仕組みに疑問を感じることが多くあると言います。どうもこの国の医療制度は、庶民を一部の既得権益の人々の為に、常に薬が必要な不健康な状態にさせていて、あまり早く死んでもらっても困るけれど、そうかといって、あまり長生きされても困る、という感じにしている風潮に思えてならないと、お話しされています。

夜の時代は、経済宗教ですから、人が生まれる時も、生きる時も死ぬ時も、すべてにおいてお金が必要です。より良く生きる為に健康は大事です。人間である限り、体調を崩す時もあれば、病気になることもあります。日々の中でも最も、重要な健康を維持する為に医療を受けることにおいても、その仕組みの根底にあるのは一部の人々が儲かるビジネスなのです。

志を持って医学部に入っても、６年間の教育の中で、後半のほとんどは、薬の処方と製薬会社とのルートなどを教え込まれることに費やされるといいます。古来から続く、日本の養生の考え方や、中医学、アーユルヴェーダという「生命を扱う知恵の医学」には医食同源という食の大切さや病は気からという日々の思考のクセを整えることで症状が改善することを伝えているのですが、現代医学では、食に対する認識は浅く、思考が身体に影響するということはほぼ考えられておらず、病気は薬で治すものという教育と概念がベースになっています。

そういう教育を、疑いを持つことなく受けたドクターの処方箋は、全て薬です。

薬漬けの医療に疑問を持ち始めたドクター達がご自分の知恵と創造性で患者さんに良いアドバイスをしても点数にはならず、厚生労働省が決めている診察のガイドライン通りの枠型にはまった処方をしないと、病院の利益になる点数はもらえないというのが現状だというのです。ガイドラインだけでは、現代における様々な症状を治せないと気づいた勉強熱心なドクターは、自分なりに研究し、病気が良くなる可能性が高いものを取り入れて、自由診療で処方している人も増えてはいるようですが、厚生労働省から、目を付けられるとかなりの圧力が掛かったり、医師免許をはく奪すると脅しが掛かったりするようで、実際にはく奪されたというドクターもいるほどなのです。

トップの既得権益に歯向かうようなことをすると、潰されてしまうという意味では、医療の世界も政治の世界と似ているのかもしれません。病気は薬が治すものというのが、現代の医療の概念ですから、病院やクリニックや薬局は、製薬会社が作る薬のはけ口になっています。毎年新薬に高額な投資をしても、有り余るほどのリターンが入ってくる現代医療の仕組みの大元では、人をビジネスの駒としか見ていない、認識なのかもしれません。今後、昼の時代になれば、医療は臨床と薬ではなく、量子波動での測定や量子生物学、光や音、周波数を使ってエネルギーを調整するものに徐々に移り変わってくると言われています。

●心理学も大きく変わる

心理学と言う分野も、これまでのものは夜の時代のものでした。一方向性社会において三角形の構造からはみ出してしまう人や、偉い人の言うことに従えない人、戦争のトラウマや日常的な生活を営めない人に、なぜそうなってしまうのかということから研究が始まったといえます、現代の基礎心理学や応用心理学、フロイト、ユングに代表される精神分析も、夜の時代の人々の心理構造を明かしたといえます。

本来の人間の構造、宇宙や魂、見えない背景が及ぼす精神や肉体への影響は、現代心理学では未だ解き明かされてはいません。近年ではトランスパーソナル心理学が、自己を超越して行くという視点を持ち、今までの心理学よりスピリチュアリティ的な要素を含めていますが、それでもまだ夜の時代においては、宇宙との繋がりや魂的なことも含め人間の構造自体を真に解き明かす学問というのはありませんでした。

故に夜の時代の一方向性社会の生き方に修正することにゴールを持った、心理学ベースのカウンセリングだと、学校に行けない子供さんやお母さん、会社に行けず、ニートと呼ばれている方をより悩ますことにならないとも限らないのです。

例えば、夜の時代において引きこもりや、学校に行けないというのは、精神科へと連れて行かれがちですが、精神的におかしいのではなく、昼の時代の人種であれば、于由の光が降り注がれるほど、夜の一方向性社会のトップダウンの中には環境適合できないのです。彼らは魂的に合わない場所や人に、毎日会っているとエネルギーがひたすら消耗してしまいます。
そういう状況であれば、むしろ行かずに、消耗したエネルギーを貯める為に、しばし、引きこもりでも良いのです。

学校や嫌な職場に行かなくとも、自分のエネルギーが溜まれば、必ず、自分の魂的な方向性が見えてくるものです。そのタイミングが来た時は、時を逃さず、ぐずぐずせずに、言い訳をせずに、勇気を持って行動していけば、人生は拓けていくものです。

●好酔《こうすい》に踊らされていた夜の時代

好酔とは、宇宙人生理論の中にある言葉で、夜の時代の経済宗教の中で、外部の物に踊らされてしまう人々の有り様を表します。その定義は、「物質のエネルギーに振り回され、我を忘れて酔っていく」となります。

例えば、精神的な学びをしたことがない夜の時代の一般的な人々の考え方は、嫌なことや不都合なことがあると、人のせいにしたり、嫌な事を考えなくても良いような状況に身をおいて、忘れようとしたり、気持ちを誤魔化したり、発散する為に大騒ぎをしたり、衝動的に買い物をしたりすることが一般的だとも言えます。

しかし、「起こる事は全て自分事」自分の魂の気づかせの為に起きていることで偶然はなく、実は、自分に起こる不都合な出来事にこそ、魂的な成長へのメッセージが隠れているという宇宙法則に気づける人は多くはいなかったといえます。

人の進化成長が加速するのは、不都合やままならないことに遭遇した時、失敗した時、痛みを抱えた時、時に絶望感に苛まれた時です。そんな時にこそ、逃げずに現状を直視して、内なる自己を見つめることの先に、同じパターンにハマらずに、人生がレベルアップし、次なる方向性が見えることが多いのですが、好酔とは、自分の魂と繋がる、内なる静寂に助けを求めず、外に向かい、ひたすら一瞬の快楽で誤魔化したり、紛らわせたり、考えることを放棄するものを追いかける習性であり、レベルアップとは真逆のことといえます。

この世の中は、一歩外に出れば、好酔となるものばかりです。お酒もグルメもゲームも風俗も、ドラッグも麻薬も、アトラクションパークも、誤解を恐れずに言うのであれば、ＳＮＳも映画や音楽も、夜の時代の物質のエネルギーに振り回され我を忘れて酔わせていく好酔なのです。

夜の時代というのは、自分の内を観ることなく、人々の欲や感情に刺激を与え、我を忘れさせる為の好酔、そのものがビジネスでもあり、それを煽ることに長けていた企業が利益を得ていた時代です。ある意味、好酔に溺れるのは仕方がなかったともいえます。

夜の時代は、ままならない搾取と比較、優劣の観念が、強くある中で、虚栄や没落、奪う、奪われる、騙し、騙される、生きるだけでも苦しみ、苦労があるのが当たり前の時代でした。人々は、苦しみに対する答えを誰もが見出せるほど、魂的に進化している訳でもなく、宇宙法則さえ知る由もない時代です。お金が僅かでも残れば、好酔で一瞬でも麻薬のように心を満たしてバランスを取るしか、術がなかった時代でした。

例えば、こういう経験をしたことはありませんか？　嫌なことがあって「ムシャクシャしたので、憂さ晴らしに飲み屋に行って酔い潰れてしまおう」「お酒に逃げてしまおう」とか「美味しいレストランに行って、おいしいものをいっぱい食べて忘れるようにしよう」とか「イライラして、どうでもいいものをいっぱい買い込んでしまった」とか「ひたすらロックを聞いて音楽で麻痺させた」とか「Ｄランドは、嫌なことを忘れられる夢の世界だから毎週、行こう」とか、どうでしょう？　多分、誰にでも当てはまると思います。

これは、やってはいけない、行ってはいけないと言っている訳ではないのです。ここで大事なことは、今、起こる不都合や、ままならない心の痛みがあった時に、その痛みを直視せずに、いつも好酔でごまかしてしまうと、その出来事の奥にある、大事な魂のメッセージに気づけなくなり、気づけないと同じパターンの不都合な出来事が、また再現されてしまうのです。その度に好酔に逃げると中毒のようになり、どんどん人生自体の運も下がってしまうということを知り、好酔に逃げすぎないよう気を付ければ良いだけなのです。

ちなみにＤランドは、この世の中の搾取の構造の真実に気づくことなく、いつまでも子供のままでいてくださいね…という暗黙の意図があるということをご存じでしたか？　私達は、目覚めを促されるこの時代に、いつまでも好酔に惑わされず、本当の自分、魂の目的を歩む、喜びと楽しさを選択していく、賢さを培うことが必要となってきているのです。

第4章　なぜ、大転換時代の地球に生まれたのか？

●大転換時代を選んで生まれた魂の目的とは

では、どうして、私達は、このような過酷の夜の時代に何度も転生し、今回、宇宙的な規模での大転換時代を選んで生まれてきたのでしょう？　それは、今回こそは、この地球という学びの深い牢獄星から脱獄して魂的に自由になりたいからです。

この宇宙には因果律という絶対的な法則があります。それは「蒔いた種を刈り取る」という原因と結果から成り立っているというものです。

例えば、前世で人を騙して金品を盗んだという因を作ってしまうと、その因は魂の記録として残ります。その人生では逃れられたとしても、蒔いた種は必ず、刈り取るという法則の元、「因果の果」を今世は刈り取らないといけないことになるのです。それは自分が盗んだものと同等なものを誰かに盗まれ、相手に与えた同等な痛みを自分が今世経験することになる…といった具合です。

もちろん、このように単純なものではなく、かなり、複雑多岐にわたって人生の中で絡み合ってくることになります。それを仏教では因果応報、因縁因果カルマともいいます。ＮＥ運命解析学では罪状と呼びます。罪状とは、何か恐ろしいものではなく、自分が蒔いてしまった種を思い考え行為行動を修正する中で、刈り取らせていただける絶好の機会でもあるのです。人生で起こる不都合というのは自分の罪状を昇華させる為に起こっているのですが、こういった宇宙の普遍的法則を知らないと、刈り取りの為に起こった不都合な出来事に対して、自分自身の落ち度を振り返ることなく、感情に任せて全て相手が悪いと、人を恨んだり、罵ったり、暴れたりして、刈り取るどころか、また、罪状（カルマ）の種を蒔き散らかすことになってしまいます。

夜の時代、多くの人々はこの因縁因果を延々、繰り返すだけでした。ほとんどの人は光明に目覚めることのできない、盲目な人生を生きていたのです。しかし、これからは夜の罪状に翻弄される時代から、いよいよ、高度精心文明の昼の時代へと移行していきます。昼の時代に移行するには、この人生で、積もり積もった罪状の澱みを、できる限り昇華しておく必要があるのです。

今、世の中で何が起こっているのかというと、家系レベルでも、魂レベルでも、過去に、蒔いてしまった種を刈り取るための不都合な出来事、人間関係のテーマ、上司部下、夫婦、嫁姑、といった問題から金銭問題、病気や事故、ケガ、ままならない事象、突発的な問題といったあらゆる罪状を刈り取り、浄化、昇華する為の出来事です。もちろん、それは、個人のみならず、国においても世界においても、同じことがいえるのです。コロナウイルスのパンデミックも生物兵器の漏洩であったとしても宇宙の意図でもあり世界規模で地球に課した罪状転換、大浄化とも言えるでしょう。

これまでも多くの人は何百回と繰り返し地球で輪廻や転生を繰り返しても、自らの罪状のパターンにハマり、魂の境涯を上げられませんでした。輪の中のラットの人生から抜けだしたいと、今回こそは覚悟を決めて生まれてきたのです。その為に魂的には、これまでの罪状の浄化、昇華を促したいわけです。

故に、過去に蒔いた種を刈り取る罪状の浄化、昇華だけを促すヘビーな人生をプログラムしてくる人もいます。そういう人は今世一気に罪状をクリアしたいのです。中には、今世ではなくて、来世に持ち越そうとして、あまり、気づきのない、ゆるいプログラムにしてきている人もいます。しかし、過渡期の今は、運命を知ることにより罪状の浄化と昇華を加速させ、書き換える手立てもあるのです。

●罪状を昇華する認識とは

宇宙の法則は、原因結果という因果律で成り立っています。

「蒔いた種は刈り取る」という法則から、残念ながら私達は逃れられないのです。２５００年続いた過酷な夜の時代の地球の中で、生きる為とはいえ、奪ったり、騙したり、殺したり、殺されたり、人を恨んだり、妬んだり、何百回と地球で、転生を繰り返す中で、誰もがこういった罪状の因果を持っています。

同時に、その時の、自分ができる最大限のことで、自他が喜ぶ、徳を積み、善因を作ったこともあるでしょう。人や家族を愛し、命を懸けて守ったことや、希望を見出し、人々の為に尽くしたり、貢献することで感謝したり、されたりすることもやっているはずです。罪状が多いのか徳が多いのか、更には、先祖が何をしてきたのかという家系の因縁因果も相まみえ、過去世と家系の因果律の記録の元に書かれたシナリオが、私達の運命なのです。

そして、この人生で罪状を昇華し、因果律からなる地球での運命をレベルアップし書き換える為に、今回こそは、と魂的に覚悟して生まれてきているのです。

今回、罪状を少しでも、浄化、昇華して、地球牢獄から解放され、魂の目的の元に昼の時代の環境に適合し自立して生きることが、運命をレベルアップし、宇宙自然から応援される生き方なのです。

中には、ネガティブなことは見てはいけない、ポジティブなところだけを見よう、と言う人もいます。けれどもそれでは、罪状を終わらせることはできません。今、多くの人に、人間関係の問題、原因不明の体調不良といった、一見不都合に見える事象が吹き出しているのは、自分の中にある罪状への気づかせのサインなのです。

宇宙が「あなたの罪状、こういうところだよ」と教えてくれているのです。その捉え方を、夜の時代の価値観でいったら、不幸、マイナス、いけないものだと捉えてしまいます。もっと良くないのは、人のせいにしてしまうことです。それを延々とやり続けてしまってきたから、私達の魂というのは、この地球牢獄にいつまでも囚われているのです。

起こることというのは、全て自分事です。

たとえ、相手が１００％悪かったとしても、ここで起こったということは、自分の中にあるものを見せられたんだな、と受け止めることです。感情は、すぐに変わるものではないので、棚に上げておきながらも、自分の気づかせの為に起こってくれているんだ、自分の魂的な罪状を昇華する為に出してくれているんだ、と捉えていくことが、牢獄星から脱出する為の一歩となります。

●夜の時代の牢獄からプリズンブレイクする時代

これからの昼の時代というのは、本来の魂の目的のもとに自由に生きていけるようになる時代です。その為には、夜の時代の牢獄からプリズンブレイクしないといけません。これからはまず、自分の魂の目的の方向性が分からないと、本来の役割ができません。

なぜなら、牢獄にいる時は、本来の役割も目的も分からなくても、ただ信じて従って、上の言っていることに「はい、はい」と従う能力さえあれば、お金を貰え、生きていくこともできたのです。下手に「自分らしく、やりたいことをやって、自由に生きる」なんて言ってしまうと、却って「おまえバカか」と言われてみたり、ワガママだと言われ、白い目で見られることのほうが多かったのです。

図11　【昼の時代の地球の社会構造】

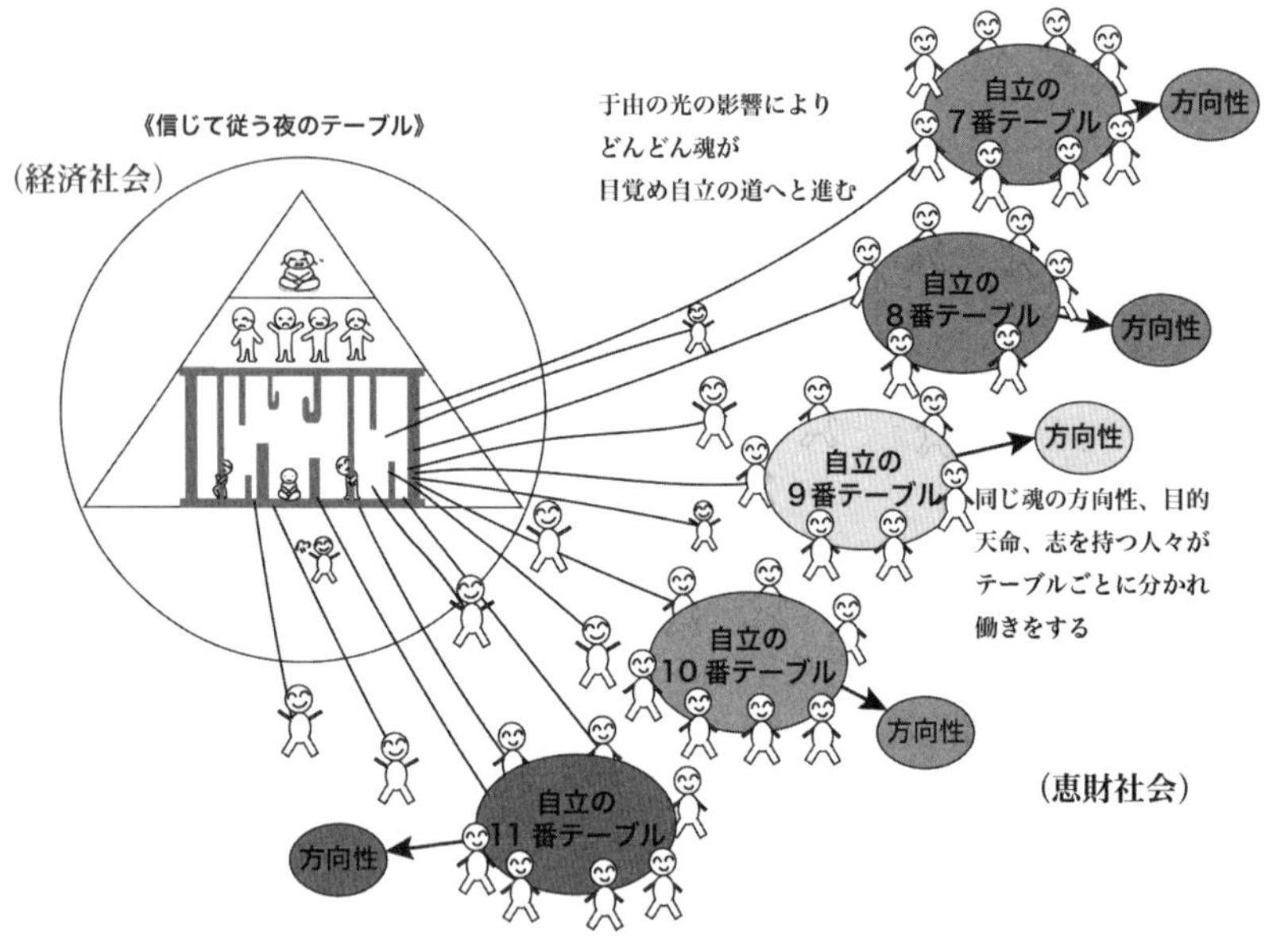
《信じて従う夜のテーブル》
(経済社会)
于由の光の影響により
どんどん魂が
目覚め自立の道へと進む
自立の
7番テーブル
方向性
自立の
8番テーブル
方向性
自立の
9番テーブル
方向性
同じ魂の方向性、目的
天命、志を持つ人々が
テーブルごとに分かれ
働きをする
自立の
10番テーブル
方向性
自立の
11番テーブル
方向性
(恵財社会)

しかし、これからは自立の時代です。

自立マインドを持ち合わせ、自分が自分らしく、やりたいことで人に喜んでいただき、自由に生きる時代です。むしろ、逆に今までのように信じて従い、朝から満員電車にゆられ雇われているだけだとしたら「まだ、雇われてるの？」と言われるような１８０度、働き方やしあわせの価値観が、変わりはじめていくのです。そして、その環境はトップダウンではありません。各々の魂の方向性ごとのテーブルに分かれていきます。

私がＮＥ運命解析学を作った理由にも繋がりますが、本当の自分の魂の目的や才能、伸ばし所、方向性、罪状などを、自ら理解できないことには、昼の時代の自立の環境には、尻込みするばかりで、環境適合できにくくなるといえるのです。


ただし、夜の時代の牢獄の構造も多少残ります。残念ながら、この構造の中にしがみつく人は、昼の時代の環境には適合できません。地球自体はこのトップダウン構造の牢獄は徐々に閉鎖していこうとしているのですから、しがみ付いていても決して良いことはないのです。

牢獄の社会構造から目覚めてプリズンブレイクし、昼の時代の自立した自由な世界に移行する為に、各々のルールの違いをお伝えしようと思います。図12を見てください。これらを解説していきます。

図12

		夜の時代の牢獄星にいる人々のルール	昼の時代の自立した自由な世界のルール
1	生き方の変化1	他人が中心（義理人情・世界）	自分が中心
2	生き方の変化2	夜の時代の神先祖の信号	魂の信号
3	生き方の変化3	人・もの・金	人・もの・こと
4	生き方の変化4	不足の時代97％の人々は働く	満足の時代20～30％しか働かない
5	生き方の変化5	苦しみ努力する　自己犠牲	楽で楽しむこと　喜び嘉こばれる
6	生き方の変化6	不足の時代　皆〝慾〞を持っていた	満足の時代　しだいに〝欲〞に変わる
7	思考1	知識・情報	知恵・直感・閃き・感性・創造性
8	思考2	正しく生きる	自由に生きる
9	思考3	農耕思考　人まね思考	狩猟思考　我が道を行く思考
10	行動1	プロセス重視	目的・結果重視
11	行動2	集団行動	単体行動
12	幸不幸の考え方	外部や他人のせいで決まる考え方	全て自分の内側から起こる考え方
13	大切な縁の順番	親　兄弟　子供　親戚 夫婦　友人　無縁	自分　友人　子供　夫婦 無縁　親　親戚　兄弟
14	人間関係	先祖と前世の因縁因果の縁	魂の方向性の縁

●牢獄のルールと自立した自由な世界のルールの違い

生き方の変化１

夜の時代の牢獄のルールは「人の振り見て我が振り直せ」という諺があるように、一方向性社会の中では周りの環境をよく見て他人や環境に合わせて生きる、これが無難な生き方だったのです。例えば牢獄に入れられている囚人は、皆、同じシマシマのストライプの服を着せられているとします。中には水玉の服を着たいと思い、水玉の服を着たら、一気に白い目で見られ、肩身が狭くなります。皆、同じでなければならないという暗黙の同調圧力のような空気感があった時代です。

昼になれば、自分が中心です。ただし、これは自己中心的な生き方とは違います。全方向性社会ですから、人は人、自分は自分で、他人から干渉も受けず、干渉もせず、絶対的な自由でありながら、人と共生し、結果、人の役に立っているという在り方です。具体的な違いをイメージしたのが図13のマッチ箱とパズルの図です。

昼の時代は人に合わせて皆同じだとパズルのピースになりません。自分が自分として生きた

図13

夜の時代の社会の価値観

【マッチ箱の中のマッチ】

長さも同じ　色も同じ

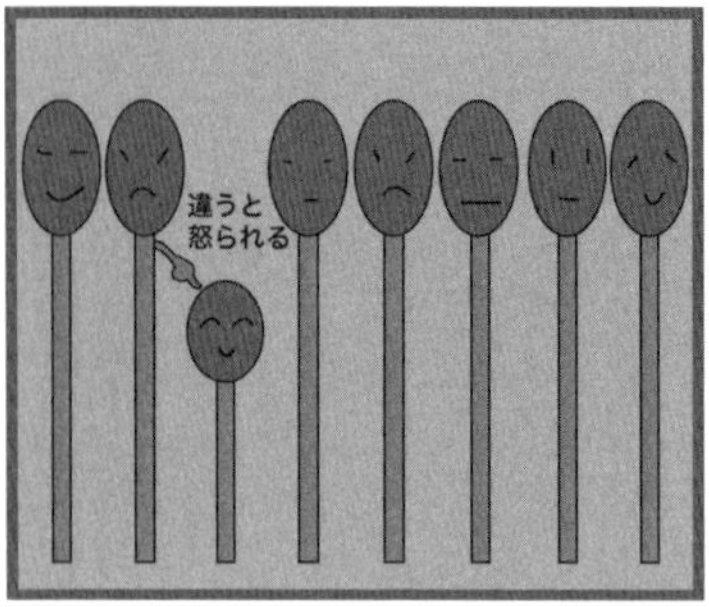

高さも同じ

昼の時代の社会の価値観

【パズルのピース】

時にはじめて、横にいる人のピースの辺と自分の辺が合致して、全体として絵になりバランスがとれる豊かな社会が構築されていくのです。

生き方の変化2

夜の時代、人々に来ていた信号は、夜の時代の神や先祖からの信号といえました。これからは自らの魂の信号をキャッチしていく時代になります。このことは186ページ「●見えない背景の方々もシフトする」で、詳細をお話しします。

生き方の変化3

夜の時代というのは、何か良いことをやろうとしても、最終的には、人、もの、金が大事という時代でした。昼の時代というのは、「どういうことをしたいのか？」「どういう方向性に行きたいのか？」の人、もの、事。まずは、そこありきに変わっていきます。

生き方の変化4

「不足の時代なので、97％の人は働く」ことから「満足の時代なので、20～30％の人しか働かない」へと変わっていきます。夜の時代というのは、一つ前の昼の時代（秸の時代）に充満されたエネルギーをひたすら使っていた時代でした。お金も何でも、使ったら減っていく時代だったのです。

昼の時代は、お金を使ったら、増えていく時代になります。なぜなら、地上に降り注がれている于由の光はエネルギーそのものです。新たな時代においてはフリーエネルギー技術がオープンになり、水や空気から、エネルギーが生み出されるので生活するのにほとんどお金がかからなくなってくるからです。もっと時代が進むと、今までのような働き方をする人がいなくなり、毎日、樂しく、遊んで、結果、人の役に立つという在り方をする人達が増えてくるのです。それが、満足の時代と呼びます。

生き方の変化5

夜の時代は苦しみの中から進化していく時代でしたが、昼の時代になれば如何に、楽で、樂しむことで、自分も喜び、人にも喜ばれる生き方を追求していくかが進化に繋がる生き方となります。

生き方の変化6

夜という時代は、エネルギー不足の時代でした。且つ一部の強欲な人間がエネルギーや資源を収奪する仕組みでもあったので、皆、よりよく生きるには慾が必要でした。

しかし、欲に心がついた字の慾とは、お金や物質的なものを限りなく求めていく慾という意味となります。夜の物質文明においてはそれでも良かったのですが、昼の時代の高度精心文明においては、いつまでもこの「限りない慾」を持っていては、生まれてきた魂の目的「魂の欲」魂の方向性というものを見出しにくくなります。限りない物質への慾が落ちる事で昼の時代は魂の目的、魂の意図という欲のみでよりよく生きていける時代になるのです。

思考1

これまでの知識と情報というのは、ほとんど過去ベースの夜の時代のものです。ですから、一切役に立たなくなっていきます。昼になれば、知恵、感性、閃き、直感、創造性が重要です。

知識と知恵の違いは、ご存知でしょうか？　知識というのは、100人いたら、だいたい100人とも同じです。知恵というのは、100人いたら、みんな違うものになります。なぜなら、知恵というのは、自らが体験して、気づきを得て、それを人生に活かしていく過程で、知識が知恵へと変わるからです。

創造性も100人いたら、100通りあるものです。これからAIやロボットといったテクノロジーが発展していく時代に、適応できる考え方は「いかに創造性を発揮できるか？」なのです。創造性を発揮できない人というのは、物事が起こった時に「不都合なことが起きた。あ～どうしよう」で思考を止めてしまいます。

創造性を発揮できる人というのは、「結果が思うように出なかった。ここでの学ぶことは何？　これをどうしたら、望む方向性へ持って行けるかな？」と問いかけがはじまり、そこから知恵や感性、直感、閃きを総動員して自ら創造していく思考パターンなのです。

思考2

人や社会の価値観に合わせて「正しく生きる」ことが、夜の価値観においては重要でしたが、これからは、自分らしく「自由に生きる」が昼の時代には重要になります。

思考3

農耕思考・人マネ思考というのは、夜の時代に入り、食料を農耕で生み出すシステムから出来上がった価値観といえます。米や稲を育てるには、種を蒔く時期も刈り取る時期も一様に同じで、且つ共同で働かないと収穫は得られません。ひとりだけ違うことをしていては村八分になり食料は得られません。故に皆とまずは同じことができるようにマネることで学んでいきます。

昼の時代の狩猟思考・我が道を行く思考というのは、獲物を取るにも、感性や感覚を研ぎすませ自ら工夫して人マネをせずに獲るということになります。それは、大きな獲物を獲った人に「その獲物はどこで獲ったのか？」と聞いて「東の山だ」と答えたら、自ら行くのは同じ山ではなく、反対の西の山に行くとなる。そのほうが、獲物はまだ残っていて獲れる確率は高いわけです。自らの経験値を知恵として、我が道を歩んでいく時代といえるのです。

行動１

プロセス重視から、目的・結果重視へと変わっていきます。本来、人間というのは、因果律からなる「原因・結果」の世界で生きている為、起こった結果を良く見て、軌道修正をしていかないといけないのですが、夜の時代というのは、プロセスを大事にする傾向がありました。

例えば、薔薇の種を蒔いて一生懸命水をやり肥料をやったのに、菊の花が咲いた…得たい結果が違ったが、一生懸命やったプロセスを良しとしてしまうことと似ています。

目的・結果重視というのは、薔薇の種を蒔いたのに菊が咲いたということは、蒔いている種、要するに考え方や生き方がそもそも違うということに気づきなさいということなのです。

夜の時代は義理人情の先祖が見えない背景でコントロールしていましたから、それでも良しとされましたが、これからの昼の時代というのは、宇宙のルールそのものの法則がそのまま適応され、結果重視になる為、蒔いた種（因）に対して、結果が「おかしい」と感じたら、そこで即、人生の軌道修正をかけていく必要があるのです。そして、また新たな自分の目的にあった種を蒔いていく、というのが大事になります。

行動2

夜の時代は、自分が人と違わないように、常に集団の中にいることが、どこか安心だったのです。一方向性社会は集団でいることで周囲や他人の「気」を受けて自分の魂の意図や思いが自然に強制されていくという効力もあったのです。

昼になると全方向性社会で、人と違うことが苦にはなりません。人に気を使わず自由に単体行動で行動したほうが、本来の魂からの信号や方向性をキャッチしやすくなっていきます。ひとりでいても楽しいし、得意なことで貢献できる、そういう自立のマインドを持つ人同士が、何かを共にやったら尚のこと楽しいよね、という発想で、依存関係にならない、価値あるコラボレーションができるようになっていくのが昼の時代の行動原理になります。

幸不幸の考え方

この考え方の認識はとても重要です。

夜の時代は、全て外部や他人のせいで決まるという考え方でした。例えば、不都合なことが起こったら、その原因を「人のせい」にする人が多く、良いことが起こっていたら「お陰様」と謙虚な気持ちで言いますが、実はお陰様という見えない人々の外部のせいとも思っているのです。確かに夜の時代は先祖が動いてくれることも多々あったのでお陰様でもあったのですが、昼になると良いも悪いも起こることは、全て自分の内に因が在り、内から起こるという認識に切り替わっていきます。

よく例えるのは、腹を立てている人がシャドーボクシングをしたタイミングで、偶然にもそこにSさんが出くわし、パンチが顔に当たって鼻を骨折してしまいました。パンチをした相手はまったくケガも無く、たいして痛みもありませんでした。さて、この場合、どちらが悪いでしょう？　という話をします。

これまでの世のルールでいけば、殴ったほうが悪いことになります。しかし、これからの昼の時代は宇宙の法則がそのまま適応されます。となると、殴られて骨折までして被害の大きかったSさんのほうが悪い…となるのです。

それは、偶然にも顔を殴られ、鼻を骨折したというあり得ない場面に遭遇するまで、大事な何かに気づかずにいた、ということへのボリュームの大きな事象といえるのです。

もちろん、この世的に慰謝料を払ってもらうなどの対処は必要ですが、この時に、相手に文句ばかり言って、全て相手が悪いとする考え方は夜の発想なのです。

昼の時代の宇宙法法則は、たとえ、一見相手が100%悪いように見えても「起こる事は全て自分ごと」自分がここで、気づかないといけないことがあることを、宇宙が教えてくれているのだと認識しない限り、今度は、更なるボリュームの大きな痛みを伴う事象が起こってしまうのです。

このことは大昔、地球は天動説で動いていたという認識からコペルニクスが、実は地動説だったということを伝えた時に、人々に激震が起こった時のように、これまでの認識が180度変わっていくものといえます。

宇宙の法則は常に原因結果の因果律から起こっています。起こる事は必ず、自分に原因があるという考え方に人類がシフトした時、やった、やられた、の連鎖から起こる争いや戦争も、昼の時代はいずれ消えていくのかもしれません。

大切な縁の順番

夜の時代に大事にされたものは、どこにいてもトップダウンの上下の関係で、その仕組みの上にいる人々をまずは大事にすることでした。儒教精神も色濃く浸透していたので、家系においても大事にされたのは、親、目上の兄弟、そして、家系を存続させることが重要でもあったのでそこに生まれた男子の子供を大事にしたのです。その次に親族、夫婦、友人、無縁の順で、自分というのは、一番最後だったのです。

自分を出さない謙虚さは、日本では特に美徳とされた時代でした。しかし、昼の時代になれば、自分は一番はじめに来ます。生き方の変化の１でも自分が中心と書きましたが、自分を大事にして生きること、これがこれからの昼の時代から応援される条件になってきます。

その次に今度は友人、これは魂の方向性を同じくする友人、グループという意味になります。その次に子供、次に夫婦…というより、魂の方向性を同じくするパートナーです。次に無縁、最後の親、親戚、兄弟という順番に変わっていきます。

この順番の認識になると、夜の時代の子供が成長して親が年老いたら、自分の人生を犠牲にしてまで親の面倒を看るものという価値観は、昼の時代においてはルール的に応援されにくくなります。夜の時代はどうしても義理と人情の価値観が濃かったので、情から子も、自分の人生を犠牲にしても、親を看るという選択をして、自分の人生を生きられないという人も多いようですが、これからは自分を一番に考えた時に、宇宙がタイミング良く、親のことも、子供のことも計らってもらえるようになっていきます。

ちなみに無縁というのは、普段、私達が生きる上で大事な、水や食べ物、生活の中で消費するもの、必要な情報も含め、諸々私達を生かしてくれる縁のことを無縁と言います。無縁が良ければ常においしいものや良いものが廻ることになり、無縁が悪ければ、食中毒を起こすような食べ物に縁をしてしまうこともあるのです。

人間関係

これからの人間関係は先祖や前世での「因縁因果」の縁から、魂の方向性と進化度といったテーブルごとの縁へと変わっていきます。

進化度は魂の年齢とも関係があり、だいたい、ゴリラから毛が生えたくらいの進化度の年齢の人は、8億歳クラスと言われています。そういう人は、例えば、自分の目の前に、霊的に進化する本とエサが両方あったとした場合、まず突進して取っていくのはエサのみです。お金や物質に対しての慾が強い為、それを得るパワーも強かったのです。夜の時代は、案外、こういった魂年齢が低い人のほうが、人を蹴落としエサを取るのに痛みは感じませんから、トップダウンの上の方にのし上がれたという人も多かったかもしれません。

逆にエサが大事なことも分かるけど、霊的に進化する為の本ももっと大事だと分かる人達というのは、15億歳から20億歳クラスの魂だと言われています。そういう人は、人を蹴落としたり、嘘だましで人から収奪することは嫌います。そうなると、会社でも窓際族に追いやられたり、資本主義社会においてはパッとしなかったかもしれません。

これまでは、魂年齢に関係なく会社や組織の中で、ごちゃ混ぜにされていたので、本来、話も合わない人同士が、組織の中でお給料をもらう為に、価値観の違いをムリして合わせていたり、本音と建前で生きざるを得ず、人間関係に疲れ果てていた人も多かったといえます。

これからの昼の時代は、自分を偽ることができなくなります。素直になればなるほど、どんどん縁というのは変わっていきます。自分の魂の方向性にあった人同士が、才能や価値を発揮し、認めあい、樂しく生きていく時代となるのです。

●見えない背景の方々もシフトする

生き方の変化2で、夜の時代は、夜の神や先祖から主に信号が送られ、昼になると魂の信号に変わっていくとありますが、ここでもう少し、詳しくお伝えしようと思います。

スピリチュアルな言葉では、よくガイドやハイヤーセルフや守護霊、守護神という言葉を使いますが、多分、明確に意味を分かって使っている方は案外少ないのではないかと思います。

人間というのは、その時代その時代に合った生き方をしないと生かされないという法則があります。人間は普段「自分」と思っているのが自分と思っているのですが、人間はあらゆる意識の複合体といえます。自分の思いや意志、感情というのは実は、自分であって自分ではないこともあるわけです。

私達の脳は単なる受信機にしかすぎません。

どこから信号を受けているかによって、思考や考え方が全然変わってしまうのです。もし、何も信号が来なければ、60兆個の細胞の信号だけで生きている植物状態になってしまうか、3大欲求を満たす行為だけで生きる動物のような人間になってしまいかねません。人としてより良く機能するには、自分の魂からの信号、先祖（ガイド）からの信号、時に高次元の存在からの信号で生かされていたのです。

これまでの一方向性社会の夜の時代に生かされるには「信じて従う」という考え方のベースの元に、過去においては藩の為、殿の為、お国の為、家系の為、会社の為、長く続いた商売の為、誰かの為、何かの為に生きることが善とされた時代でした。


そういうご先祖様が今を生きる私達子孫の背景に付いて信号を送っていたのです。彼らをガイドや守護霊様と言い、子孫を守ることもし、夜の時代の社会から子孫がはみ出すような生き方をしないようにコントロールもしていたのです。

例えば、夜の時代に会社に行かずに遊び呆けていると、心のどこかから「お前、そんな生き方をしてたら、世間に顔向けできなくなるぞ」という信号が来るのです。そうすると、やっぱりちゃんと働かねば、となるのですが、これは、夜の時代の先祖の信号といえます。こういう観念は、ご先祖そのものが強く持っていたので、ガイドとして子孫にくっついていると、常に「○○でなければいけない」「○○しなければいけない」「女は○○であるべき、男は○○であるべき」「会社は行くべき、学校は行くべき」「離婚してはいけない」といった、夜の時代を生きた元人間のご先祖の声に矯正されコントロールされてもいました。しかし、これからの昼の時代に移行していくにつれ、生き方の価値感やルールが異なる信号をそのまま受信して聞いていると、どんどん苦しくなっていきます。

于由の光という魂を目覚めさせる光が満ちてくる中で、これまでの観念で生き続けるとどうなってしまうのか…よく例えるのは、冬から夏への季節の変化です。夜の時代を冬だとしたら寒い冬にはコートを着て、マフラーを巻いて、ブーツを履いてちょうど良いですが、昼の時代は真逆の夏だとする。そして今は、暑さの兆しが出始める春になり夏に向かっているとします。今を生きている私達は、暑いと感じていて、もうコートやマフラーは脱ぎたいのですが、夏を経験したことがない先祖からすると「いやいや、コートなんて脱いじゃいけない」と信号で来るわけです。

気温は、36度くらいある、ものすごく暑い中で、その先祖の信号をまともに聞いていたらどうでしょう？　最悪、死んでしまうかもしれません。今、私達は、同じような状況にいるということです。先祖達の信号なのか、自分の魂から来る信号なのか、見極める必要があるのです。その感覚が分かっていないと、先祖の因縁因果の信号に引きずられてしまったり、それが自分だと思い込んで、自分の魂の信号との間で常に葛藤を抱えて生きてしまいます。

これから昼の時代へ移行するには、先祖の信号ではなくて、魂の信号と繋がり受信できる感性に変えていく必要があるのです。

ちなみに、先祖の信号は元人間ですから、言葉や観念でふっと浮かぶものや頭の理屈で来ることが多いといえます。魂の信号や昼の時代の高次元のエネルギーは、環境の中に現れるサインや象徴、事象として現れたり、閃き、直感、気づき内なる感覚、無自覚に体が選択しているものとして現れるという違いがあります。

●先祖の信号に影響されていた事例

夜の時代の背景として分かりやすいのは、昔オーラの泉という番組がありました。そこで江原さんが「あなたの後ろで、あなたを守っているのは、父方のおばあさんでね、そのおばあさんが、あなたにこんなことを言っています。それから、そのおばあさんは、稲荷寿司がお好きなようだから、仏壇にそなえるとか、あなたも美味しい稲荷寿司を感謝しながら食べてください云々」という話をするわけです。

実際に夜の時代の人間と見えない背景の方々の構造はこのように連動していたので、そう言われて、稲荷寿司を食べたり仏壇に供えると、おばあさんは喜んで「ありがとうね」と言って嬉しくなる、あの世のおばあさんの気分が良くなると、この世を生きている私達の日常の気分も良くなったりするのです。

こういうご先祖のガイドが夜の時代を生きる人々には必ず付いていました。人はあの世に還ったからと言って、いきなり仏になったり神に進化するわけではなく、肉体を持たないだけで、気分や感情は生前のままとさほど変わりはないのです。

これまでの人間の構造は、この世の私達とあの世の方々の二人羽織のような仕組みだったので、誰もが大なり小なり、以下に書く経験をしたこともあるかと思います。

夜中に突然「ラーメンが食べたい」と思ったことはないですか？「夕飯はおなか一杯食べたのに、何で？」と思いながら、その衝動に抗えず、ラーメンを作って食べた…なんてことはありませんか？　夜中に限定しなくてもいいですが、何か、ふと突然、衝動のように来る思いは、だいたい先祖や見えない方々の信号なのです。先祖達があの世に行っても、色々な思いがまだ残っていたりすると、その思いを叶えてくれる子孫に信号を送るわけです。

ラーメン好きのおじいさんがいたとして「ラーメンが食べたい」と思うと、食べてくれそうな子孫に突然、信号を送ってきます。すると子孫である私達がラーメンを食べたくなるのです。お腹は一杯でも、ラーメンを食べることで、先祖が満足すると「あ〜落ち着いた」となるのです。

この程度だと、体重が増える程度で、まだ良いのですが、夜の時代は、私達の人生は、ほぼこういった先祖達の影響下だったということなのです。

例えば、家系的に代々政治家の家系は政治家が多く、医者の家系は医者が多いものです。それは、ご先祖がまだ、政治家として遣り残していたり、未練があったり、うちの家系は代々政治家だと強く思っていると、子孫にそういう信号を送ってくるのです。

ここで、よく例えとして話すのは、代々家系が豆腐屋でした…という例です。Aさんという人が「私は政治家になりたい」と思ったとします。ですが、Aさんの家系は代々豆腐屋で、Aさんは豆腐屋のひとり息子でした。豆腐屋の朝はとても早起きです。「政治家になるために東大へ行こう！」と思って勉強を頑張ったとします。しかしながら、朝早く起きるのは得意でも、何年東大にチャレンジしても落ちてしまう。それはなぜかというと、Aさんの背景には死ぬまで豆腐屋をやっていたご先祖のおじいさんが、付いているからでした。

「うちの家系は代々豆腐屋だ。子孫はこの老舗の味を引き継ぐ豆腐屋になるのだ！」と、あの世から強く思って信号を送っていると、Aさんがどれだけ東大の試験を受けに行っても、先祖が動いて、答案用紙に『B』が答えであっても『A』と脳が誤作動を起こすような信号を送るのです。

Aさんはどうしても政治家になりたいから「東大受験はあきらめて、選挙に立候補しよう」と考えたとします。そして、選挙演説をして回ります。有権者はAさんは良いこと言っているから、Aさんに投票しようと投票所に行きます。

ところが、うちの子孫は豆腐屋にする！　というご先祖が強く思っていると、今度は有権者に、ご先祖が誤作動となる信号を送るのです。投票箱の前で「Aさん」と書こうとしていたにもかかわらず、となりのポスターのDさんに目が行き、やっぱりDさんに投票しようとなり、結局Aさんは落選です。

というように見えない先祖が背後で色々とコントロールをして動いていたのです。ですから、Aさんはいくら自分の思いを強く持っても、ご先祖の意にそぐわないことは、上手くはいかなかったのです。

そうなると、さすがにAさんも「やっぱり政治家はあきらめて家業の豆腐屋を継ごうかな…」と思いたった瞬間、先祖は「よっしゃ！」とガッツポーズです。今度は俄然ご先祖がガイドとして応援をしはじめて、パッとテレビをつけると『豆腐の水はあそこがいい』『あそこの大豆はとってもいい』というようなタイミングで、Aさんに気づくようにあれこれ見せてくるのです。すると、政治家の時とは大違いで、ものごとがスムーズに進みます。Aさんも導かれている気になり、結果、政治家の夢はあきらめて、先祖代々の老舗屋の豆腐を継ぐという選択をすることになっていくわけです。

こういうことが、今までの夜の時代では多かったといえます。こうして先祖の意を汲んで応援されて、仕事が上手くいくことを「天職」といったのです。

●夢から乗った豪華客船の背景にあったのは…

先の第2章で私が、2日連続で見た夢の中で「船の中の治療師！」という声が聞こえ、その後、あれよあれよというちに、日本の豪華客船の中で足掛け3年、世界中をクルージングしながら仕事をした…という話をしましたが、あの時の、全てが計られたかのようなタイミングの良い流れの背景にあったのは一体、何だったのか？　いつかその謎が解けるなら紐解きたいと思っていました。

マスターに出逢って、その時の経緯を話すと、マスター曰く「先祖に船に乗りたかった人がおったんやろ」といいます。そんな人がいたんだろうか…と訝し気に思いながら、実家に帰った時に、家系の過去帳を調べると、ナント、本当にそういう先祖がいたのです！

祖父の弟に洞澤浩治という人がいました。全部にサンズイが付いているその名前も気になったのですが、昭和2年に享年24歳で亡くなっていました。私が「なぜ、この人、こんなに若くして亡くなったの？」と疑問に思って親族に聞いてみたところ、叔父が「その人、海が好きだったらしくて、横須賀に行って船乗りになったらしい。それが暴風雨にあって、海に落ちて亡くなったって、ジジから聞いたことがある」と教えてくれたのです。私はそれを聞いて、鳥肌が立ちました。

この浩治さんというご先祖が、私の夢で、信号を送ってきたんだ！　間違いないと確信したのです。それにしても全部にサンズイがついている名前なんて、水に縁はあっても、水に持っていかれそうな名前と早死にしそうな画数をどうして付けたかな～？　と思いはしたものの、振り返ると、はじめて私が船に乗ったのもちょうど24歳の時。

浩治さんは、享年24歳という若さで亡くなってしまい、きっとまだまだ、たくさん船に乗って海を旅したかった…その未練があったのでしょう。そして、私のような自由に動き回れる子孫に目を付け、自分の叶わなかった思いを、私が船に乗って海を眺める時の感動や素晴らしさを通じて、彼もまた味わいたかったんだろうなと。

確かに船に乗り始めた時から、陸でトレーナーの仕事をしていると、あんなに船酔いで苦しい思いをしたことをケロッと忘れて、また、早く船に乗りたいという気持ちがいつも沸き上がってきていたのです。それが約3年すると、ある時、私の中で、もう船には乗らないな…と分かったのです。それは、きっと、浩治さんが満足して、本来の還る所に還った…と今では理解しているのです。

もちろん、私の魂の目的には船に継続的に乗って何かをするということはないのですが、こういう体験を通じて、夜の時代の背景、先祖の信号に守りもされたが、コントロールもされたという人間の構造を、身を持って経験させていただけたのです。

●先祖に変わり昼の時代に私達を応援する方々とは

ただしこの仕組みも、時代が夜から昼へとシフトすると変わってきます。

昼の時代は魂が目覚めてきます。魂が目覚め、魂の信号の元にする志事を「魂職」といい先祖が信号を送ることで仕事になる「天職」とは分けています。
夜の時代は、人々の魂は多くの場合幼く、かつ罪状がなかなかクリアされてない状況です。放っておけばまた、今世で罪状を増幅してしまいかねません。故に、今までは必ず、見えない親がガイドとして「あーしなさい、こうしなさい」と信号を送ってくれていました。これからの昼の時代は、人々の意識も進化し、直接魂からの信号が受信できる時代なので、これまで親代わりだった先祖達はお休みをしていきます。

その為、直接、魂からの信号を受信できるように、人間の構造自体もシフトしていきます。そして、ガイドではなく魂からの信号の元に連動して動き出し、私達を応援する見えない背景の方々を「サポーターズ」と名付けています。(図14参照)
サポーターズは、元人間というより、新たな昼の時代を作り上げる高次元のエネルギーの存在達であり、数えることもできないほど、たくさんいるので、変な言い回しですが、サポーターズとしています。夜の時代の先祖達は、私達を守りもしましたがコントロールもしました。しかし、サポーターズは、守るというより、宇宙法則的な気づきを促すことはしても、コントロールはしません。魂が目覚め、魂の信号の元に、私達が自主自立で自分の魂の目的や理想を生きると覚悟した時に、大いに導き、力を貸してくれるのです。

図14 【人間の構造と環境の変化】

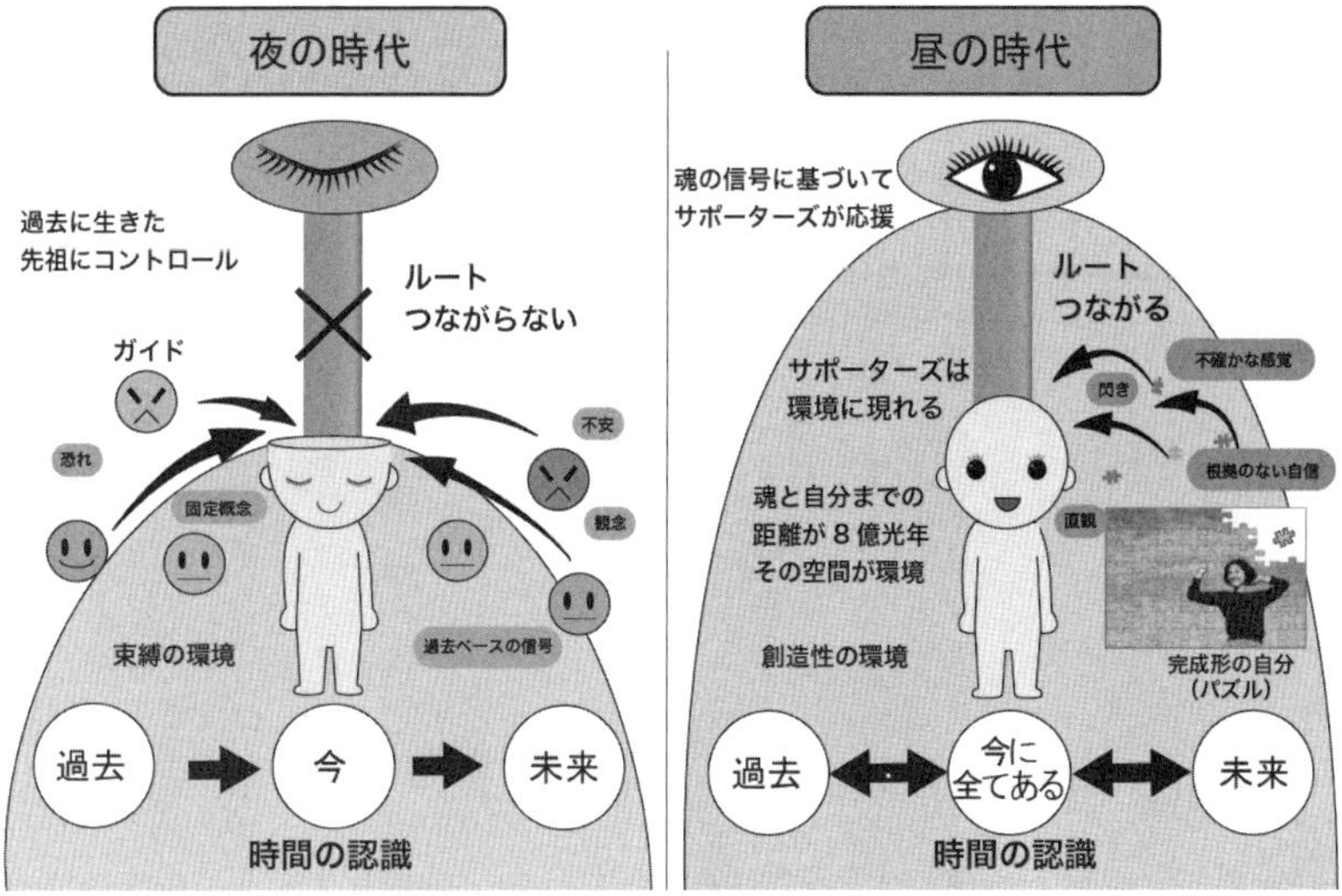

昼の時代は進化した大人の魂の時代です。そして、自らが創造性を発揮して生きていく自由な時代となります。サポーターズは昼の時代の導き役なので、先祖よりも魂年齢ははるかに上で、高いエネルギーの存在といえます。サポーターズの応援が入ると、生きることに迷いや不安は軽減していきます。その代わり、宇宙法則そのものなので、先祖達のように情や感情では動かず、宇宙の法則のみで動く為、ある意味厳しいともいえます。

サポーターズに人生を応援していただくには、これまでのように、神社や仏壇に向かって先祖にあれやこれやとお願いしていては、動いてはくれないといえます。それをやり続けると、先祖は子孫が心配で、ガイドの役割をサポーターズにバトンタッチできずに、いつまでも、夜の時代の観念や価値観を送り続けてしまうのです。するとその信号に邪魔され、魂の信号を受け取ることも、目覚めることもできず、夜の時代の力のない先祖の観念満載の信号で相変わらず、右往左往してしまうことになりかねません。

●人生を車で運転する事にたとえると…

夜の時代のガイドと、昼の時代のサポーターズの働きの違いを、分かりやすく例えると、車に乗って長い人生の道のりを走ることに置き換えます。

夜の時代は、私達子孫というのは、自らハンドルを握る位置にいたのではなく、後部座席に乗っていたようなものです。前述した通り、最も私達の人生に影響を及ぼし、人生のハンドルを握っていたのはご先祖様でした。

夜の時代においては、人生が良くなるには、まず子孫は家に仏壇や神棚を置き「神様、お守り下さい、ご先祖様、ありがとうございます」と言って感謝し拝むことでした。

夜の時代であれば、ご先祖様に感謝したり、お願いしていたほうが間違いなく運も人生も良くなったのです。先祖や神を子孫が崇めると、ガイド役のあの世の方々にエネルギーが行き、子孫や家系を守るだけのエネルギーが先祖に漲るのです。

ちなみに２６０年続いた江戸時代は、徳川家が15代の将軍を出しましたが、徳川家康の知恵袋、天海和尚はこういった見えない背景の仕組みをよく知っていたようです。

図15

夜の時代の人生
ガイド（先祖、夜の時代担当の神）が
守りもしたがコントロールもした
ハンドルを
にぎるガイド
（先祖）
ボロボロ
ガタガタ
昼の時代の人生
自分がハンドルを握り
サポーターズ（高次元の方々）が応援
がんばれよ～
先祖
先祖はお休み
サポーターズ
ナビ
行き先を
自由に
決めるのは
自分
ピカピカ
スイスイ

故に、徳川家康を「権現さま」という神様に祀りあげたことで、子孫のみならず、一般の人々からもエネルギーを吸収する仕組みを作り上げ、家康自体が背後で徳川家を守っていたのです。

実際、将軍の中には徳も薄く、国を治めるには適さない人物もいたようですが、ガイドとしてエネルギーのある家康が付くので、背後にある後光を感じ、家臣が皆、かしずいたのです。

通常の家系なら、どれほど徳がある先祖のガイドでも、80年程度でエネルギーが切れ、交代しますが、家康は、神に祀られてエネルギーを得ていた為、家系が15代も富栄えたといえるようです。

このように夜の時代、家系を維持、繁栄させるためには、力のある先祖の力が必要だったのです。上手く行かない家系は、通常、仏壇も神棚もなく、神や先祖に子孫が手を合わせるということをやる習慣がありませんでした。そういう家系はだいたい不幸でした。なぜなら、先祖の供養もせずに、日頃文句ばかり言っていると、先祖も子孫に腹を立てるのです。

子孫の人生の車を運転しているのは先祖だったので、人生がガタガタする道をわざと通ったり、目に見える景色をとんでもなく悪くし、ホラー映画のような景色に見せたりして、戒めたのです。

そうすることで、人生があまりにも辛いと感じる子孫は、自然と神やご先祖の見えない方々に「神様・ご先祖様」と手を合わすようになる。すると、先祖もしめしめと思って、じゃあ、良いところに持っていってやろうかとなり、そこから人生が良くなったとなります。こういう話は夜の時代においてはいくらでもありました。

更に先祖に嫌われてしまったり、戦国時代から武家で敵味方の殺し合いをしていたような因縁因果が濃い家系、人々の搾取の上にいた庄屋や、嘘だましの上手い商人家系、庶民においても悪因が強いと、自分の結婚する相手や、親兄弟、生まれた子供は、前世、敵同士だったり、奪った奪われたの関係だった魂と、同じ車の後部座席に一緒に乗せられてしまことも多々ありました。自分を苦しめるばかりの元敵同士だった人を一緒に同乗させ、そこから罪状昇華の為に、痛みを通じて進化させるということを夜の時代の目に見えない背景たちはやっていたわけです。

昔の夜の時代において、人生を良くする為には、一生懸命、ご先祖様に感謝して、ごまをすり、ご機嫌を取るという関わり方が大事だったのです。

では、新しい昼の時代はどう変わってくるのか？　同じ車で例えると、今度は、私達は後部座席から降りて、いよいよ自らハンドルを握る人生になります。昼の時代の導き手、サポーターズはどこにいるかというと、今の車にはほぼ、装着されているナビゲーションシステムとなります。ナビというのは、自分が行きたいところを自ら設定し、ボタンを押します。すると私達の見聞きできる五感以上の、衛星システムを使って一番良い道順を示し、目的地まで導いてくれます。

要するに、サポーターズというのは、私達が、まず、はじめに行きたいところを自ら決めないとサポートしてはくれないのです。

先に書いた、政治家になりたいのに、先祖の思いにコントロールされ豆腐屋になったという仕組みではなく、自分が政治家になりたいのなら、自分がそう決めて、どう覚悟して行動するか、サポーターズはその覚悟に反応するのです。

ただし、その人の魂の目的に対してサポーターズは応援しますので、世の中的な虚飾の世界や慾得のものを追いかけても応援はされず、方向性が違えば、軌道修正がかかります。もし、進む方向性が違っても日々、覚悟してコツコツと物ごとに取り組めば、「違うよ」と環境を通じてサポーターズが様々な事象やサインで教えてくれます。そこに気づいて方向転換をすれば良いのです。それが魂の目的や理想に叶ったものだと、今度は、誰かの援助が入ったり、物事がスムーズに進みはじめます。

昼の時代は、先祖や親や環境が決めた人生を言われるがまま歩むことだけでは人生が苦しくなります。自らの魂の目的の元の人生を、いち早く見出し、勇気を持って覚悟して歩むことが昼の時代のサポーターズから応援され、誇らしい人生を歩める大事なポイントとなります。

サポーターズの信号は、直感というより言葉にならない感覚であったり、自然環境の中に現れます。これを私は、「ミラクルコード」と呼んでいますが、自分が何かを決めた時に、自然環境がどう動くのかということを見ていくものです。私達の魂の信号というのは、これからは環境に出ると思ってください。

マスターが日頃から常に言っていた言葉は「自然をよく観察しろよ」でした。

私達が自分で見ることのできる自然とは、全て自分の魂の現れの世界だという意味なのです。

第2部　ＮＥ運命解析学

第1章　ＮＥ運命解析学とは何か？

●ＮＥ運命解析学とは何か？

ＮＥ運命解析学とは、宇宙がシフトしたこれからの時代の宇宙法則「宇宙人生理論」を元に、人生とは何か、運命とは何かを徹底的に研究し、太古から継承されている高度な帝王運命学の数十万通りのデータ。そこに、最新の脳科学、認知心理学、他、これまでシークレットとされていた情報を融合し、「この大転換時代を選んで生まれた魂の目的を知り、運命さえもレベルアップしていく為の学問」と定義しています。

ＮＥ運命解析学のＮＥとは、Ｎｅｗ　Ｅｒａ（新しい時代）の略の意です。

これから数十年に及ぶであろう激動の大転換時代を生き抜く為に、時代が向かう方向性や、自分を深く知ること、生きる目的を知ること、その視点から運命プログラムを解析しレベルアップさせるものとして創り上げました。

元々ベースになっている太古の帝王運命学は、日本ではあまり有名ではないのですが、１２００年以上前の唐の時代の仙人が創ったと言われ、当時の王族はあまりの的中率に、他国に情報が漏れることを恐れ、門外不出にしたと言います。もし、その情報を他国に流した者は死刑にされるほど、生まれた場所と時間が正確であれば、緻密に人の人生が解き明かされるというものでした。

現在、中国では、この運命盤に記された複雑怪奇なデータが、ＤＮＡの特性データとかなり一致するという研究もなされているほどですから、太古にこのようなものが作られたというのは驚きです。

しかし、こうした精度の高いものであればあるほど、夜の時代においては人の運命は「変わらない決定論」としてとらえられてきました。実際に、的中率が高いので１２００年も廃れずに連綿と今に続いてきたわけです。

故に運命学の研究者や占い師の多くは、その人の運命を如何に言い当てるか、ということに重きを置き学ぶのが一般的です。また、相談者も的中率が高い占術や占い師を凄いと、もてはやす時代でもありました。

●なぜ、昼の時代になれば運命学は当たらなくなるのか？

残念ながら太古の、夜の時代に作られた運命学はやはり夜の時代のものといえます。昼の時代になり、人々が魂的に進化してしまえば、これまでの運命学は当たらなくなっていきます。なぜなら、これまでの運命学は、進化ままならない夜の時代を繰り返し生きた人々の魂の因果律の記録のデータが書かれているからです。しかし、まだ、夜の時代の社会の終焉期と昼の時代の社会の黎明期の過渡期の時代を生きている私達においては、魂が目覚めて進化がままならなければ、精度の高いものは当たります。ただ、これからは、当たっているからと喜んでいる時代ではないのです。

まずは因果律から成り立っている自分の運命を知り、昼の時代の新たな認識により魂的に積み上げてきた才能は更に伸ばし、罪状は、今世クリアし昇華していけば運命はレベルアップし一切、当たらない。という人生で生きられることが重要な時代なのです。あえて言うなら、夜の時代に魂が延々と繰り返してきた「ラットの輪」の人生から抜けることといえます。

現代の量子理論の視点から見ても、人の心や思い、意識、あの世の領域、魂さえも解き明かされつつあり、人の運命は、元のものから「認識により」レベルアップできると言われるようになりました。昼の時代は、自らの運命プログラムを知って、これまでの因果律からの反応や感情に陥り、翻弄されるのではなく、どう、再選択して運命を書き換えていくのか、それが昼の時代の「創造者」の認識であり、魂の進化を促すことになります。

●ＮＥ運命解析学を創った理由

私は、宇宙がシフトしたこれからの時代のことを伝えるフューチャリストであり、目覚まし時計役なので、運命学をメインにするつもりはないのです。しかし、時代の変化の話をすればするほど、皆、自分の今の人生の悩みを打ち明けます。現実的な人々の人生のシフトを促すツールは必要だと感じていました。

第2章にも書きましたように、過去、学びの中で「運とは何か」「人間と環境の関係」を深掘る為に中国まで行き、風水とセットで運命学も学んだ経験から、それを生かし、「身体」と「心」と「環境」の三位一体のアプローチをするトータルバランスセラピストとして、数千人のクライアントさんの運命を観てセッションを行っていました。その後、マスターに出会ってからは、夜から昼の時代へとシフトする地球環境においては、運命学も風水も7割は機能しなくなると学んでいたので、1度は全て手放しています。

しかし、マスターが亡くなった時、あまりにもショックで、今、私自身の運命プログラムはどうなっているのかと、改めて読み解くと、ちょうど変化を促される時と書かれていたのです。そうか、この事象から学びきり、変化を促さないといけないのだと理解し、同時に残念ながら過渡期の今はまだ、因果律からの運命プログラムは機能していると実感します。

であるならば、過渡期に機能するよう、人生のテーマを読み解き、罪状を自覚し昇華する道具、更には隠れた才能を見出し、昼の時代の生き方も伝えられる道具に作り替えればいいと思い至った経緯があります。

ただし、夜の時代の運命学の決定論的な捉え方と読み方では、運命のレベルアップ、魂の目覚の道具としては全く機能しません。とするなら「決定論」がベースの運命学ではなく、宇宙人生理論と融合させ、多くの人々に今回、何の為に地球に生まれてきたのかという、魂の目的と時代の潮流を理解していただき、「認識論」の概念をベースとして、夜の時代に培った因果律から脱却し、運命をレベルアップさせる為の、新たな「運命解析学」という学問を作ればいい…と、そこからはじまったのです。

それを意図した時から、古典の運命学の単調なデータを、１０００ページ以上にも及ぶ、膨大な資料に書き換え、それぞれの意味を表す特有な表記を３０７の擬人化したキャスト名として考えました。その後「本当の自分へのパスポート」という冊子を作り、システムにしました。更には、運命をレベルアップする概念や考え方、読み解き方を入れ込んだテキストを制作し、トータル的な学問として創り変えたのです。

この膨大な作業は、私のみならず、一緒に作業を行ってくれたスタッフの力がなくては成せませんでした。相当な時間とエネルギーと血と汗と涙を流すような労力を日々費し、時々、何でこんな大変なことをやり始めたのかと、泣きそうになることもありました。

その根底には決めたことは成し遂げる、自分にした約束は守るという思いと、今の大転換の過渡期に生まれている多くの方々に、少しでも昼の時代へと難なくシフトして頂きたい…その為の道具、コンテンツを創るという、私の目覚まし時計役としての役割を果したいという願いがあったからなのです。

第2章　運命プログラムの詳細が書かれたライトマスターチャート

●ライトマスターチャートとは

ＮＥ運命解析学のライトマスターチャートは、その人が生まれる前に書いてきた運命プログラムが書かれたデータのことを指します。人間一生分の人生傾向と要素が、12個のフィールド内に全て書かれています。この12個あるフィールドの形を、菩薩が持つ「意のままに願いを叶える」という如意宝珠の形にして、全体の形を宇宙の構造を模して制作しました。

少し上と下の色が違うのは、暗い時刻から明るい時刻を示す「時」を表しています。ライトマスターチャートは立体構造になっており、各フィールドに書かれた意味と各フィールドを絡めて読み解くようになっているのです。

更に奥義を駆使することで、その人の運命の詳細が深く読み取れるようになっています。この構造の中に因果律からなる、ひとりひとりの運命プログラムが刻まれているのです。

※注　ご自分のライトマスターチャートをお知りになりたい方は、まずはマスターオブライフ協会のＨＰから無料体験版のライトコンパスシートをダウンロードされてみて下さい（無料解説付き）。その後に「本当の自分へのパスポート」の購入に進んでいただくとセットでライトマスターチャートをお送りしています。（Ｐ３５６参照）

●運命とは何か？　人生とは何か？

私達の人生というのは、決して偶然に成り立っているものではありません。何千、何百回と、人生を積み重ねてきた転生輪廻の結果です。この地球に生まれたということは、どんな人であっても原因結果という因果律に基づいて、運命がプログラムされています。そこから逃れることはできないのです。

運命という字の構成を見ても「運ばれてきた命」と書かれてあるようにＮＥ運命解析学では、運命とは、前世と家系の因縁因果、徳、培った形質、才能であり、今世の人生に影響を及ぼすシナリオのことを言い、人生とは、そのシナリオに基づいた選択と、そこから学ぶことにより再選択する日々の累積、と定義します。

図16

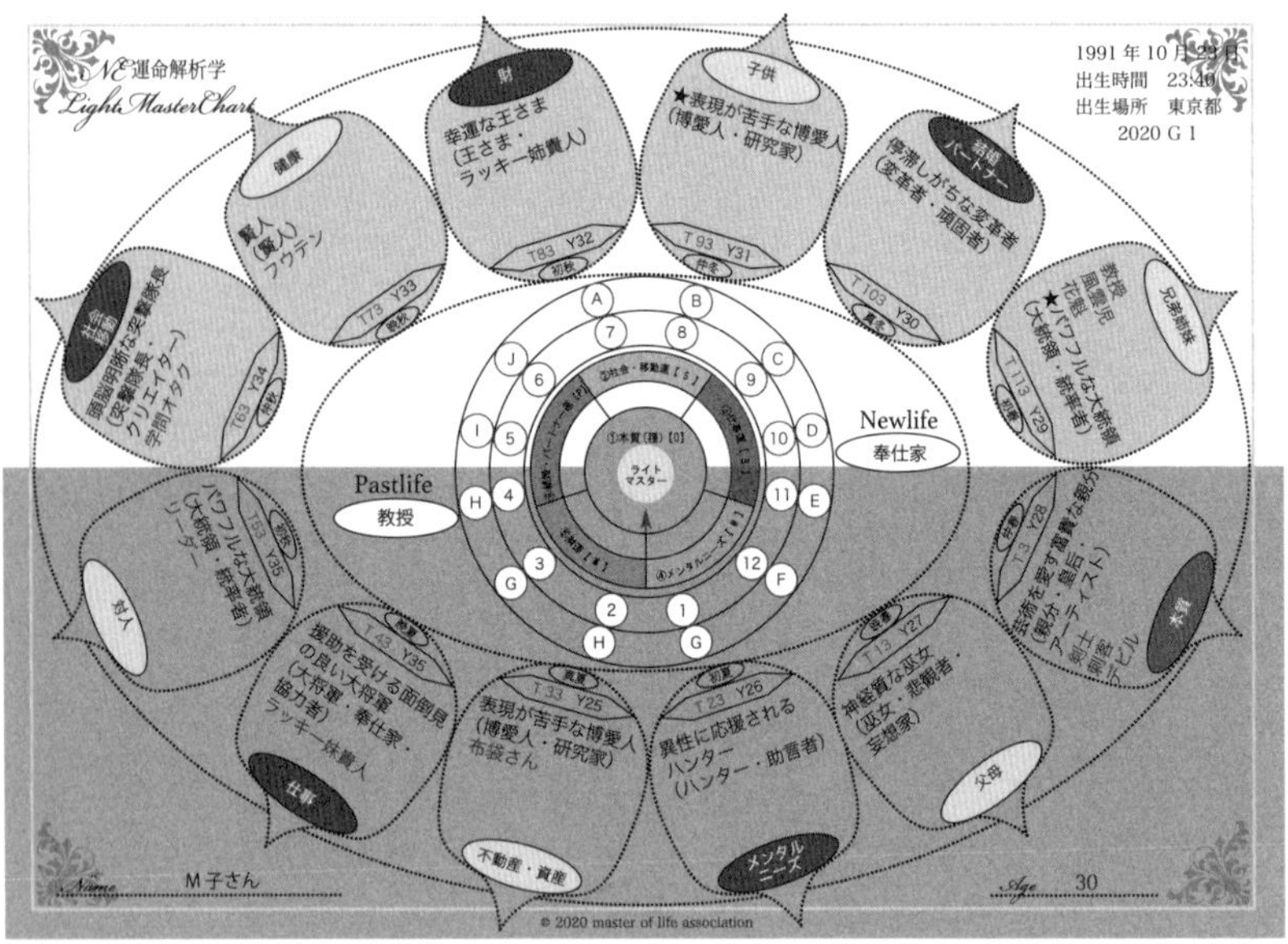
NE運命解析学
LightMasterChart
1991年10月23日
出生時間　23:40
出生場所　東京都
2020 G 1
財
幸運な王さま
(王さま・
ラッキー姉貴人)
T83　Y32
子供
★表現が苦手な博愛人
(博愛人・研究家)
T 93　Y31
健康
賢人
(賢人)
フウテン
T73　Y33
結婚パートナー
停滞しがちな変革者
(変革者・頑固者)
T 103　Y30
頭脳明晰な突撃隊長
(突撃隊長・
クリエイター)
学問オタク
T63　Y34
兄弟姉妹
教授
風雲児
花魁
★パワフルな大統領
(大統領・統率者)
T 113　Y29
Newlife
奉仕家
Pastlife
教授
ライト
マスター
パワフルな大統領
(大統領・統率者)
リーダー
T53　Y35
対人
芸術を愛す高貴な親分
(親分・皇后・
アーティスト)
剣士
刺客
デビル
T 3　Y28
本質
援助を受ける面倒見
の良い大将軍
(大将軍・奉仕家・
協力者)
ラッキー妹貴人
T 43　Y35
仕事
表現が苦手な博愛人
(博愛人・研究家)
布袋さん
T 33　Y25
不動産・資産
異性に応援される
ハンター
(ハンター・助言者)
T 23　Y26
メンタルニーズ
神経質な巫女
(巫女・悲観者・
妄想家)
T 13　Y27
父母
Name　M子さん
Age　30
© 2020 master of life association

「ライトマスターチャート」は307あるキャストのどれかが、各フィールドに配置され、それにより前世と家系の繰り返されてきた因縁因果の罪状や徳や才能、伸ばし所などが、交じり合って今世の運命プログラムとして書かれています。(図16参照)

特に本質に書かれた伸ばし所キャストや、罪状キャストは、魂的に培った才能、持ち越された課題といえます。気づいていなかった才能に目覚め磨くことで、才能は恵財へと繋がる価値へと高めていくことにもなり、罪状も自覚すれば繰り返しのパターンにハマらず、新たに選択し転換できれば「罪状」は「財状」へと変わっていきます。

ライトマスターチャートは、一般的な占星術やその他の占術と違い、生まれた時間と場所が分からないとデータは出せないものです。その代わり、きちんとそれが分かると、非常に緻密にその方の人生全般における運命プログラムが出てきます。

●ライトマスターチャートはこの世に生まれる時に出す許可証

宇宙人生理論では、人はこの世に生まれると決めると、自分である程度、今回の運命プログ

図17 【運命プログラムはこの世に生まれる時に提出する許可証】

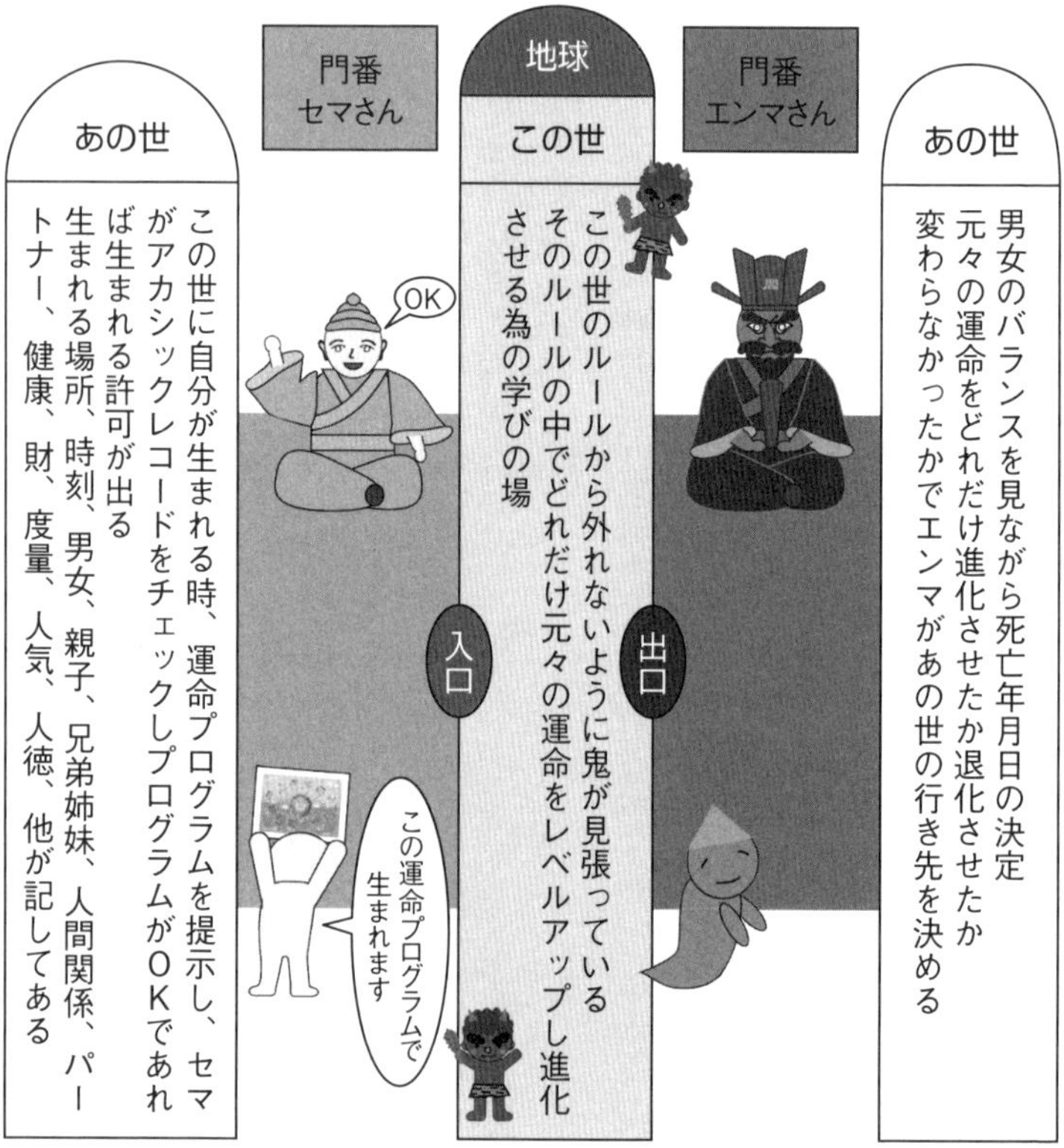
門番
セマさん
地球
この世
門番
エンマさん
あの世
この世に自分が生まれる時、運命プログラムを提示し、セマがアカシックレコードをチェックしプログラムがOKであれば生まれる許可が出る
生まれる場所、時刻、男女、親子、兄弟姉妹、人間関係、パートナー、健康、財、度量、人気、人徳、他が記してある
OK
この世のルールから外れないように鬼が見張っている
そのルールの中でどれだけ元々の運命をレベルアップし進化させる為の学びの場
入口
出口
この運命プログラムで生まれます
あの世
男女のバランスを見ながら死亡年月日の決定
元々の運命をどれだけ進化させたか退化させたか変わらなかったかでエンマがあの世の行き先を決める

ラムを練るのだと言います。そしてこの世に入る時、この世の門番の、セマさんという方に「今回はこのプログラムで生まれます」と言って、まずそれを見せ、セマさんが、魂の記録のアカシックレコードをチェックして許可が出ると、その許可書の元に、この世に生まれることができる仕組みになっているのです。

この世に生まれる前に生命エネルギーと物質エネルギーが掛け合わさり、書かれた運命プログラムが正常に機能する親と環境と生年月日時刻と場所を選び生まれます。

この世に生まれると、その時々の時代のルールの中で、ルール違反をしないように鬼に見張られながら、どれだけ元の運命をレベルアップし、進化をするかの学びの時を過ごすのです。

その後、一定の時が経つと元々の運命をどれだけ進化させたか、退化させたか、変わらなかったかで、この世の出口にいるエンマさんがあの世の行き先を決めるのだと言います。

●キャストとは

運命プログラムのライトマスターチャートを人生ドラマのシナリオと見立て、そこに書かれた人生傾向を示す記号を映画や舞台で言う〝キャスト〟というネーミングに置き換えています。

運命プログラムは生まれる前に自分が書いた、人生脚本とも言われています。そのキャストの特徴や性質、運の傾向、才能、超えるべき課題、伸ばすべき要素をそのキャスト名から知ることができます。社会運、仕事運、メンタルニーズ、財運、結婚・パートナー運にも、それぞれの傾向や内容を現すキャスト名が書かれています。キャスト名は全部で３０７通りあります。

全ての運命プログラムは25万通りあり、全く同じデータを観ることは稀です。

●光キャスト、闇キャスト

ひとつひとつのキャストには、光の面と闇の面があります。

本質のキャストに基づいた人生を生きている場合を、「光」キャスト、親や他人に刷り込まれた自分以外の人生を生きている場合を「闇」キャストを生きている、と定義しています。

例えば、本質に「大将軍」というキャストを持っていたとしても、社会の常識や夜の時代の価値観、観念に縛られ、全く大将軍の要素を発揮して生きていない場合、闇の「歩兵」キャストを生きてしまっているということになります　しかし決して「光」キャストが良い「闇」キャストが悪い、というわけではありません。たとえ「闇」キャストを生きていたとしても、そこで学びがあるのだと捉えることができると、ガラリと人生は変わっていきます。

ＮＥ運命解析学は、あなたの運が良い、悪い、ということが分かるものではなく、運命をレベルアップする学問です。つまり「どうすれば、今の状況を変えていけるのか？」運命をレベルアップするには「どのように捉え、認識し、行為、行動していけば良いのか？」ということを様々な角度からお伝えしていくものなのです。

また「王さま」キャストが良く、「変革者」キャストが悪い、ということでもありません。ひとりひとりの花開く種の特性がある、ということなのです。

【コラム１】光キャストと闇キャストを作った理由

☆光キャストとは…本質のキャストに基づいた自分を生きている人。
☆闇キャストとは…本質ではなく他人の人生を生きているような人。

なぜ、あえて光キャスト、闇キャストを分けて名づけたかと言うと、まだ私がトータルバランスセラピストとして全国を飛び回り、たくさんの方々の人生相談に乗っていた時代、地方の女性の悩みの傾向に多かったのは、本来とても良い運命プログラムを持っていながら、地域独特の女はこうあるべきという一方向性社会の縛りの中で、ままならない自分を卑下する女性の人々に多く出会ったからでした。

ある地域に呼ばれて、中年にさしかかる女性をセッションした時のこと。先に生まれた時間と場所を聞き、データを作成していたのですが、そのデータを観ると、なかなかの良いプログラムで、女社長でもやっている人かな…と思って、その方が来るのを待っていると、現れたのは、不幸オーラを幾重にも纏っているような、見るからに田舎のおばちゃんといった風貌の方だったのです。悩みを聞くと、
「私は、長年、お姑さんからいじめられ、旦那からも文句を言われ、子供からも無視されて、まるで飯炊き女以下のような気持ちで生きています。これが私の運命なのでしょうか？」と言われ、涙を流すのです。

データのイメージからは程遠い女性が現れたので驚いて「この生まれた時間と場所で間違ってないですか」と確認すると「はい、間違ってないです」と答えます。

この時、このプログラムから読み取れる対極にあるマイナスの特徴をイメージして「もしかして、このような傾向に陥っていませんか？」と聞いてみたところ「はい、まさに、そんな感

じです」と言うのです。
その時に、本来なら自分の本質を生きていれば、女社長位やっていてもおかしくない人が、あまりに環境や周りの言うことを鵜呑みにして生きていたが為に、これほど人生がズレてしまうのか…ということに気づいたのです。
それは、本来の運命を生きているのではなく、まさに環境に影響されて闇を生きている状況でした。

そしてその女性にお伝えしたのは「あなたの人生は、飯炊き女のようなプログラムにはなっていません。ただの主婦や飯炊き女など最も向かないプログラムです。むしろ、女社長位できる力量があります。そのことを自覚して、自ら、周囲の意のままに動くことを、今日から選択しないことです」とお伝えすると「これは、私の運命ではないのですね？　もっと違った道があるのですね？」尋ねるので「そうですよ、自信を持ってくださいね」というと「人生に希望と光がみえました」そういって喜んで帰っていかれました。

昔はまだ、このような女性の相談が多かったのです。そういう経験の中から、ＮＥ運命解析学を創った時には、本来の本質そのもので生きている人を光キャスト、そうではなく他人の人

図18　光キャスト・闇キャスト

光キャストとは…本質のキャストに基づいた自分を生きている人
闇キャストとは…本質ではなく他人を生きているような人

さて、あなたは今、光、闇、どちらのキャストを生きていますか？

光のキャスト	闇のキャスト
王さま	門　番
賢　人	隠遁者
大統領	護　衛
大将軍	歩　兵
博愛人	逃避家
親　分	子　分
皇　后	女　中
巫　女	呪怨者
ハンター	亡　者
研究家	毒舌家
奉仕家	道化師
統率者	下　僕
突撃隊長	後方隊長
変革者	傍観者

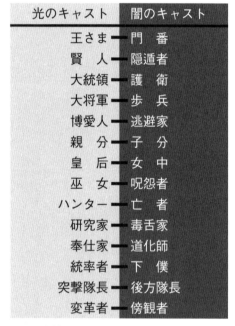

図19

光キャスト
大将軍
大統領
王さま
親分
統率者
突撃隊長
変革者
ハンター
賢人
研究家
博愛人
皇后
奉仕家
巫女
Erika Katayama

図20

闇キャスト
歩兵
護衛
門番
子分
下僕
後方隊長
傍観者
亡者
隠遁者
毒舌家
逃避家
女中
道化師
呪怨者
Erika Katayama

生を生きている人を闇キャストとして内容を創ったのです。

【コラム２】宇宙人が作った!?　人間の指針を表すプログラム!?

改めてこの緻密な構造とシステムを膨大な時間をかけ作り直したからこそ、気づいたことがあります。それはライトマスターチャートをキャストで読み解くことで、古き運命学にはない、新たに浮き彫りになった人間の構造が、より深く観えてくるようになったのです。

それは、現代の脳科学や認知心理学から観れば理解できるものなのですが、その要素がキャストに置き換えた配合でのみ浮き彫りになるのです。

実感として思ったのは、この緻密な構造を作り上げたのは、人間業ではないな…ということです。太古の仙人が作ったと言われていますが、その仙人とは、もともと人間のプログラムの構造が理解でき、まだまだ魂の幼い人類に生きる指針を示そうとした宇宙人だったのではないか…もしくは、宇宙人から信号をもらっていた一種のサイキックだったのではないか…ライトマスターチャートを創り上げ、その後何千件ものケースを見て改めてそう感じています。

第3章　運命のレベルアップを目指す

●運命をレベルアップする認識とは

運命をレベルアップするには、まずは運命プログラムを受け止め、どう日々の中で認識していくのかが重要です。ライトマスターチャートというのは、山に登る時の地図のようなものです。地図なくして山に登るのは無謀と言えますが、ある程度の登り方や必要な道具類を知り、どこから、いつ何時に、登ればいいのかということが明確であれば、山には登りやすくなるものです。

ここに「運命をレベルアップする認識」というものがあります。（図21参照）これはライトマスターチャートを横から見た図であり、ライトマスターチャートの平面図は、ライトマスターの、一番上の視点から下を見おろす形で書かれたものなのです。

影の女性が立っているところに目線を合わせてください。女性が立っている下に丸い円盤が

図21

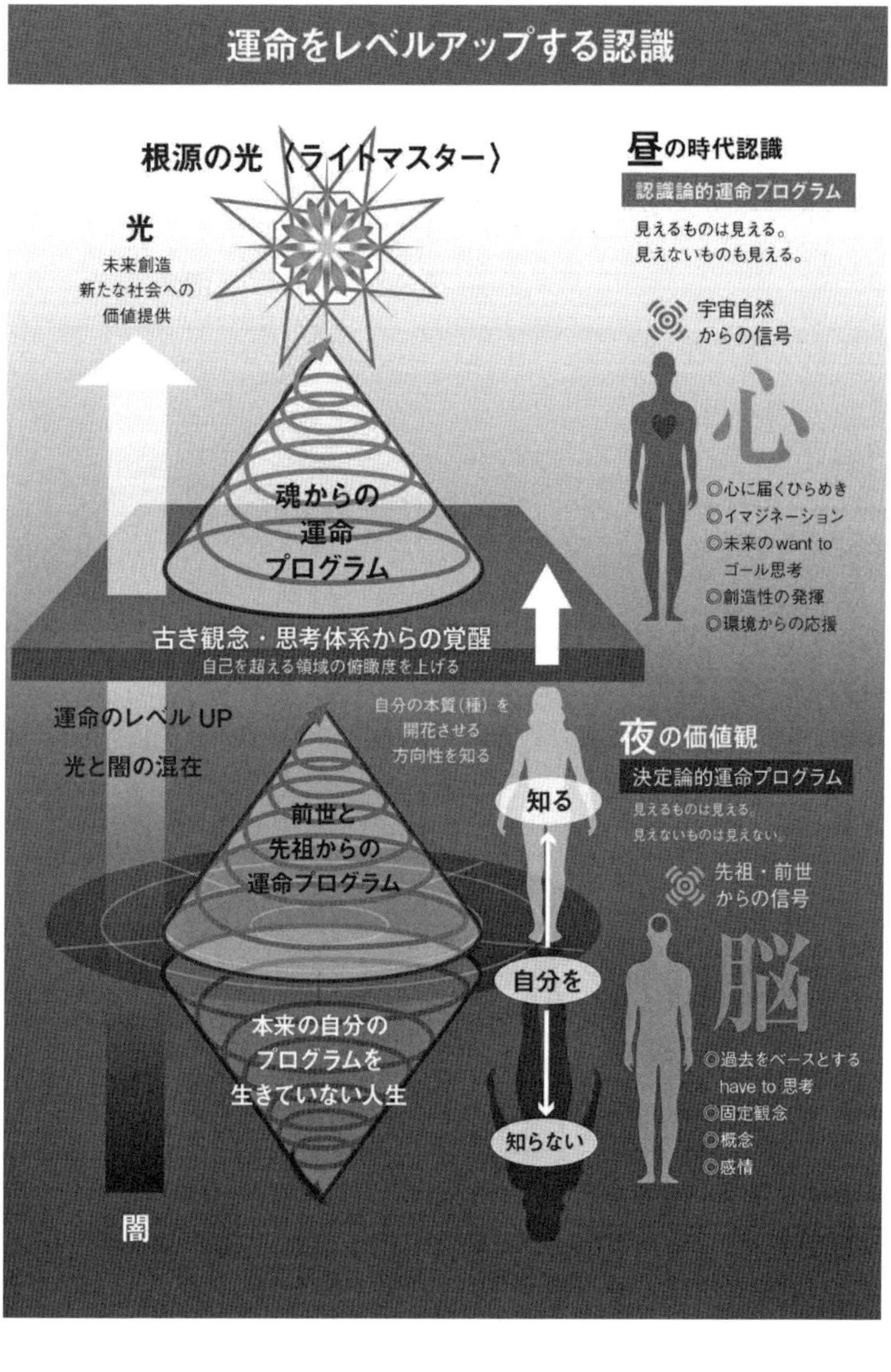

運命をレベルアップする認識
根源の光〈ライトマスター〉
光
未来創造
新たな社会への
価値提供
昼の時代認識
認識論的運命プログラム
見えるものは見える。
見えないものも見える。
宇宙自然
からの信号
心
◎心に届くひらめき
◎イマジネーション
◎未来の want to
ゴール思考
◎創造性の発揮
◎環境からの応援
魂からの
運命
プログラム
古き観念・思考体系からの覚醒
自己を超える領域の俯瞰度を上げる
運命のレベル UP
光と闇の混在
自分の本質（種）を
開花させる
方向性を知る
夜の価値観
決定論的運命プログラム
見えるものは見える。
見えないものは見えない。
知る
前世と
先祖からの
運命プログラム
先祖・前世
からの信号
脳
自分を
本来の自分の
プログラムを
生きていない人生
◎過去をベースとする
have to 思考
◎固定観念
◎概念
◎感情
知らない
闇

あります。これがライトマスターチャートを表します。
自分を知る、知らないとは、自分の運命プログラムを知ることで、光の方向性に向かうことができますが、知らなければ、国や親や周りの社会や環境の言いなりで、本来の自分のプログラムを生きておらず、闇の人生に甘んじてしまうことを表しています。光が良くて闇が悪いと二極論を言っているのではないのです。闇は闇からしか学べないこともあり、良いも悪いも全ての物事はそこから学ぶことしかありません。

その認識を持った上で、ここで大事なのは、自分の運命プログラムを知り、生きる方向性が分かること。しかし分かったからといって、はい、ＯＫデスにはならないというのが今の時代の特徴なのです。

今は、時代が安定していた江戸時代ではなく、夜から昼へと大きく時代が変わる大転換期です。昼の時代の進化した人類の光の方向性へとすんなりいけるのか…というと、ここに図21の女性の頭の上にある分厚い壁に阻まれるのです。
これが、夜の時代の価値観や常識、一方向性社会の生き方の中で、魂的にも長いこと培ってきてしまった因縁因果の罪状から来る、思考体系、感情、反応という分厚い壁なのです。

私達は自分の今世生まれた目的を知り、何が新たな昼の時代に、宇宙が生かそうとする思考や生き方なのかを学び、理解し、覚悟をして日々の出来事の中で壁を突破していく必要があります。今、起こる、怒りや苦しみ、悲しみ、恐れといった諸々の感情を直視し全てを自分ごととして学びきり、昇華させていくことです。

突破するには、人生を阻む壁から逃げることより、よくよく観察してみるということのほうが効果的です。壁は、よく見ると必ず、ノブが付いているものです。ノブをひねれば、壁は新たな世界が開かれる「扉」にすぎないのだと気づくことです。最終的に壁を越えた気づきやプロセスは、その人の価値となり、器となり昼の時代を悠々と生きる、創造性の源流へと転化されていきます。

●運命のレベルアップは日々の更新データ

罪状を転換し運命をレベルアップする為には、ＤＮＡの情報とは何かを知っておく必要があります。なぜなら、ＤＮＡというのは、先祖から引き継がれている情報だからです。ＤＮＡの情報を細かく見ると、大きく３つに分けられます。（図22参照）

図22　【罪状を転換し運命をレベルアップする為に何を意識し変えていけば良いのか】

①親から遺伝する（前世・家系の因縁）	形質形状のデータ 感覚データ 運動データ 才能の種データ	10％
②家庭環境（家系の因縁）	学習能力 認識 コンフォートゾーン	60％
③日々更新される自己データ	知識 行動 知性 感性（気づき） 論理性 創造性	30％

ＤＮＡを厳密に読み解けば、生まれた瞬間から①の親からの遺伝と②の家庭環境を合わせた70％の運命は決まっている決定論といえます。私達が自ら運命をレベルアップできるのは残りのわずか30％の自己データだと言われています。

この30％の自己データを、日々、新たな知識を学び、それに基づき行動することでコンフォートゾーンを突破し、器を広げ知性、感性、論理性、そして、創造性を培えばＤＮＡのデータはアップデートされ運命が変わることになるのです。

まず、親から遺伝するもの（前世・家系の因縁）は、形質形状データ、感覚データ、運動データ、才能の種データが10％、家庭環境（家系の因縁）から、学習能力、認識、コンフォートゾーンが60％、といった全体の70％は、親や家庭環境から引き継いだものです。

つまり私達は、学ぶこともなく、様々なことにチャレンジすることもなく、ただ、一方向性社会の中で、敷かれたレールを歩けばよいと思っていると残念ながら、70％の家系の因縁因果の人生の繰り返しで終わる、ということなのです。

運命をレベルアップする為には、残り30％をいかに理解し、やったことのないことをやってみたり、行ったことのない所へ行ってみたり、会ったことのない人々と会ってみるという行為行動の中で、知識、知性、感性（気づき）、論理性、創造性を培う必要があります。

トライ&エラーはあって当たり前と認識し、致命傷にならない程度の失敗は、いくら経験しても、全て人生の糧と器、後のネタになります。失敗と成功を重ねながら、物事のゴールをコツコツと成していくことで、初めて罪状がクリアでき、運命がレベルアップしていきます。

●NE運命解析学が目指すは、進化した人類

NE運命解析学のライトマスターチャートやライトコンパスの中心には、必ず「ライトマスター」と書かれています。これは、進化した人類の象徴として、目指す位置のキャストとして表しているのです。

☆ライトマスターとは

人生を自由に創造する賢さを持つ人。（図23参照）

罪状にとらわれることも、反応することもなく、何かあっても常にそこから、人生を自由に創造する賢さを持つ人です。本質のキャストを生き切ることにより、この宇宙の法則や世界の

仕組みを知り、自己の役割や存在の意図に気づいています。

彼らは光が良いとか、闇が悪いという認識ではなく、全ては運命のレベルアップの為の要因であり、進化の為に必要なプロセスだと理解しています。そのどちらの意味も、扱い方も知った上で、深い叡智を持ち、様々な知恵や情報を提供し、人の人生を光へと具体的に導いていくこともできる存在です。

☆ライトチルドレンとは

絶対的な自由を得て、自他を照らす純粋な愛と光の人。（図24参照）

ライトチルドレンとは光の子供という意味です。

全くの子供という意味ではなく、この世の全てを乗り超え、全ての本質を見抜きながら、何にもとらわれない、絶対的な自由と祈りの中で生きています。ありのままでいても存在そのものが、人々の目を啓かせることができ、地球人類のより良い未来とヴィジョンを創造していますす。魂は20億歳。在り方は5歳の子供のように純粋でピュア。故にその笑顔と存在のエネルギーだけで、人々にやすらぎと癒し、勇気と希望を与え、最強の価値を提供している、真の光としての人生を歩んでいる存在です。

ライトマスターの更に上に位置するのがライトチルドレンとしています。

【ライトマスター】
図23

【ライトチルドレン 】
図24

第４章　ライトマスターチャートの構造

●12フィールドの意味

全ての運命プログラムが詳細に書かれた「ライトマスターチャート」には人生全般の要素が12のフィールドに分かれて記載されています。

最も重要な要素を表す「本質」の他に、社会運、仕事運、メンタルニーズ、財運、結婚・パートナー運、父母運、子供運、兄弟姉妹運、不動産・資産運、対人運、健康運。それぞれのフィールドの傾向や内容にそれらの意味を表すキャスト名が書かれています。

それぞれのフィールドが人生において何を表すか、また、古き考え方や、概念ではなく新たな時代に適合する認識の説明となっています。

【本質】

全てのフィールドに書かれたキャストを見て、まずは自分の傾向がどのように書かれているかを徹底的に知る、ということが最も大事です。特に本質に書かれたキャストは、運命をより良く生きる上での種なので、本質のキャストを自覚しなければ、種を地面の中で腐らせてしまうことにもなるのです。

たとえ芽が出ても、本質の種を分かっていないと、本来はチューリップなのに、周りに影響されて薔薇になることが良いといわれ薔薇にならネバと、自分ではないものに一生懸命なろう、なろうしてしまいます。そのようなことをやっても、何だかおかしなものになってしまうだけで、一向に心は満たされず、幸せにはなれません。

しかし世の中では、一生懸命にそれをやっている人が多いのです。自分というものが分からずに、一見良さそうに見える人になろうとして人と比較して、なれない自分を卑下し落ち込んでいくのです。自分の種はチューリップだと自覚して、我が道を堂々と歩めば、自分らしいしあわせを得られるはずです。

【社会・移動】

社会・移動運では、あなたがどのような人と関わりやすいのか、本質の才能を社会にどう現していけばよいのか、故郷から離れて活動した方が運が向くのか、向かないのか、外国に出た時に、危険なことに遭遇するのかしないのか、本質のキャストを内面とすると、他人にどのように見られる傾向にあるのかという、外面的な要素を観ることができます。

【仕事】

仕事運では、あなたはどんな仕事に向いているのか、職業・職種・仕事のスタイル、組織型か独立型か、発展できるのかできないのかなどを観ることができます。

ただし、これからは、雇われることのみが仕事ではなく、ひとりひとりが「自立」していく時代に突入します。仕事は自分の魂に則った道で、楽で楽しく、喜んで人に喜ばれることを「志事」にしていく時代となります。仕事運で書かれているのは、そこを見出すステップです。

【メンタルニーズ】

メンタルニーズでは、あなたの基本的な心の状態や、人生における精神的満足度などを観ていきます。あなたは精神的に満たされやすい人なのか、満たされにくい人なのか、更に心が満たされるものごとや、趣味、望む傾向、ストレスからの回復のコツなどを観ます。

ただし、これからの時代は、人々の精神構造も変化します。「心が満たされる」ということは、どういうことなのか？　お金や物があるから、人脈や家族がいるから、地位や名誉があるから満たされるのか？「自らの魂が満たされる」とはどういうことかを、心に問いかけ、深めるきっかけにする必要があります。

【財】

財運では、あなたの一生の財運はどうか、財運はあるのか、無いのか、どんな業界や世界がお金になるのか、いつ頃からやってくるのかなどを観ることができます。

ただし、これからの時代の財運は、あなたの自分の本質や才能を理解して、価値として社会に提供し、人々の喜びの為に循環させた分が、財としてあなたに廻るようになっていきます。

継続的な財運や豊かさはスキルで得られるのではなく、人としての器や、境涯が上がることで、廻るようになっていきます。

【結婚・パートナー】

結婚・パートナー運では、結婚相手はどのような傾向を持つ人か、その人の恋愛の傾向、結婚向きなのか結婚には不向きなのか、相手との結婚後の関係性はどのようなものかを観ることができます。

ただし、これからの時代は結婚の概念が変わります。「結婚は人生の選択の1つ」となりますが、パートナーはいた方が心豊かな人生になります。パートナーは、これからは異性でも同性でも、ペットでもロボットでも兄弟姉妹、友人でも良いと言われます。心が通い合い、愛というテーマの元に、互いの魂の進化成長の為に、磨きあう時間を共有できる相手となります。

【父母】

父母運では、あなたの両親はどのような人で、また親子関係はどのようなものか、縁が薄い関係なのか、対立する関係なのか、十分な愛情や恩恵を得られる関係なのか、といったことを観ることができます。子供時代の病気やケガ、問題行動も実は、この父母運の善し悪しが少なからず影響していることもあるのです。

０歳から13歳までのタイムキャストは、父母運との関係性を吟味して観ることが大事です。この時期の父母との環境の中で、できてしまった思考や反応、無自覚に決めてしまったことが、その人の人生の型となります。それをコンフォートゾーンと言い、その後の人生に大きく影響する可能性を持ちます。しかし、それは親が悪いわけではなく、因縁因果を解消し、人生をレベルアップする為、あなた自身が自ら親を選び、この人生をプログラムしてきたといえるのです。

どのように捉えたら良いのかも提案していきます。時に目上の人や上司や師匠との関係を見ることもあります。

【子供】

子供運では、子供は本来、親の先生であり、あなたの進化を促すために生まれてきてくれた存在と捉えます。そのことを認識したうえで、あなたの子供は、どのような傾向性を持つのか、また、子供との関係性はどのようなものか、縁は濃いのか薄いのかといったことを観ていきます。

子供がいない場合は、肉体の子供だけとは限らず、後世に何かを生み出す…という象徴で観ることもあります。

【兄弟姉妹】

兄弟姉妹運では、あなたの兄弟姉妹との関係性を観ることができます。互いに仲が良く助け合える関係なのか、仲が悪く迷惑をかけられる関係なのか、縁が薄いのか、距離があったほうが良いのかどうかを観ます。兄弟姉妹の関係は子供時代と成人してから、結婚後に関係性が変化する可能性もありますが、全般的な関係性として観ていきます。

兄弟姉妹の関係以外に、このデータからは身近な友人知人、親友や同僚といった横の対人関係がどのような傾向となりやすいのかも観ていきます。親兄弟姉妹は前世で敵同士の場合もあり、今世、その課題を持って肉親としている場合もあります。

あまり良くない運を持っていても、進化成長の為に今、ここで、何に気づくことが重要なのか？　と捉え、自分を直視し、人としての器を大きくすることで、課題をクリアすることができます。ここでは、改善点も記していきます。兄弟姉妹運と同時に対人運や社会運も観ることで人間関係全般の運を観ていきます。

【不動産・資産】

不動産・資産運では、親や先祖から引き継ぐ資産や不動産運があるかないか、生涯における資産や不動産運、更には、自分が望む居住空間や環境が得られるかどうかを観ることができます。

ただし、これからの時代は不動産や家を持つことが、しあわせになる条件とは限りません。しあわせになるライフスタイルは多岐にわたり、人それぞれです。これまでとは違った考え方も出てきます。更に「家庭運」の良し悪しも、ここで観ます。

女性の場合は、結婚相手の資産、不動産運にも人生が影響されるので、そちらも照らし合わせて、詳しく観る必要があります。

【対人】

対人運では、あなたの対人関係全般の運は先天的にどのような傾向を持つのか？　特に、組織や会社では社員や部下、後輩との関係、また、リーダーや先生的立場、独立事業主なら、どのような支持者や生徒、顧客が、あなたの元に集まりやすいのか？　といった主に縦の対人関係を観ることができます。

対人関係は人生をレベルアップさせるための学びの為の最高の教材です。先天的に、あまり良くない運を持っていても、後天的に運をレベルルアップすることはできるのです。対人関係の悩みや不都合から自分を顧みて、進化成長の為に今、ここで、何に気づくことが重要なのか？　と捉え、自分を深掘り、認識と行動を変えることで、後天的に好転することができていきます。ここでは、改善点も記していきます。対人運は、同時に本質と兄弟姉妹運も兼ね合わせて観ていきます。

【健康】

健康運では、その人の体質、健康運、どのような病気にかかりやすいのか、普段から何に気を付ければよいのかを観ることができます。健康運を観る上で大事なことは健康運のキャストと同時に本質のキャストを観ます。光を生きているのか、闇を生きているのかが重要です。闇キャストで生きていると、本質のキャストの疾病か、健康運のキャストの疾病や事故やケガ、トラブルなどに巻き込まれる可能性が出てきてしまいます。病気やケガ、トラブルは、視点を変えれば、人生や生き方の軌道修正の為の「気づきの事象」「浄化の事象」として起こるものだからです。健康運で自分の病気やケガなど、なりやすい傾向を知り、早めに対処しておけば大事には至らないでしょう。

●ライフナビゲーション&ライフナビゲーションキャストとは？

ライフナビゲーションとは、運命が開花する方向性のことを言います。

NE運命解析学の運命プログラムのライトマスターチャートにおいては一目で運が開花する方向性が分かる羅針盤のような役割をします。ライトマスターチャートの中心に赤い矢印が必ずどこかの方向性を向いて示されるのですが、12フィールドの中で、本質のマゼンダ色を含めて、赤く示された6フィールドのみに、矢印が示されています。

ライフナビゲーションが向かっている先に書かれているライフナビゲーションキャストの内容を読み、日々実践、チャレンジし、優先的に生きることで、残りの5つはその後についてくるようになっています。向かう方向性が違えば、望む人生は遠回りになってしまいます。

自分が分からない人、方向性が分からない人はまず、自分がどこにライフナビゲーションが向かっているのかを知って下さい。自覚するだけでも、人生に軌道修正が起こり「光」キャストを生きやすくなり、最良の人生への第一歩を踏み出すきっかけとなるでしょう。

1. 本質にライフナビゲーションが向かっている人

本質・種とライフナビゲーションの方向性が同じ人なので、種を開花させることが重要です。まず徹底的に自分の個性、傾向、潜在性、特徴、才能など、あらゆるスキルや経験を通じて理解し、自信を持って生きられるようにすることです。自身の才能を認め、伸ばし、価値として堂々と提供できていると思えるようになれば、素晴らしい人生となります。

2. 社会にライフナビゲーションが向かっている人

自分の本質に合った良き環境選びが重要になります。人や社会に影響されやすいこともある為、自分の軸や意見をしっかり持っていないと環境に振り回される傾向となります。自分が縁した社会環境から大いに学び、その中からチャンスを摑み、どんな環境においても、自分が培った才能やスキル、価値を提供し、その環境がより良く発展できる一端を担えると、人生が開花します。

3．仕事にライフナビゲーションが向かっている人

人生は仕事が中心となります。ただし、これからは自立の方向性に向かうので、人に指示命令され従うだけで良しとする仕事からは、脱却しなければいけません。自分の仕事のスタイルをしっかり打ち立てることです。自分の適性にあった仕事を通じて自己を磨き、仕事が上手くいけば、後から、喜びがついてくる人生です。

4．メンタルニーズにライフナビゲーションが向かっている人

人生の選択の基軸は、常に自分の心の声に従うことです。内なる感性を培い、外部の常識や頭の声を聞いて生きるのではなく、心の声に素直に従うことを心がけましょう。その為に重要なことは、一人でいる時間や、あなた自身の生き方を大事にすることです。それを極めると心に従い行動した事でプロとなる可能性を持つ人です。

5. 財にライフナビゲーションが向かっている人

本来、お金に縁があり、恵財的な豊かさを得る計画性と感性があります。その術を磨くことを心掛けましょう。ただし、その財を自分の為だけに使うのではなく、人や社会に循環させることで、真の豊かさを得る力が発揮されてくるでしょう。財の循環を重視することで、すべての運がついてきます。

6. 結婚・パートナーにライフナビゲーションが向かっている人

良き結婚相手、人生のパートナーを見つけましょう。良き相手を選べば、家庭や二人の関係性が基盤となり、人生が発展していきます。ただし、これからの生涯のパートナーは、異性に限らず、同性、友人、ペット、ロボットでも良いでしょう。相手を間違うとパートナーによる苦労で人生が翻弄されます。

●本質（種）に入る14キャストの特徴

ライトマスターチャートにおいて、最も重要なのは本質のフィールドとなります。本質からは、あなたの人生全般の運の傾向、生まれ持った才能、能力を観ることができます。あなたの人生に宿された（種）と言えます。種を開花するには、闇キャストを生きるのではなく、まずは、本質に書かれた光キャストを生きることです。

ＮＥ運命解析学を理解する第一歩は、本来ひとりひとり違う、何十万通りのデータのうち、14のカテゴリーに分かれた主要キャストの中から、自分の本質のキャストの特徴を知るところから始まります。以下14キャストの光のキーワード、闇のキーワード、基本的な性格、闇の場合も説明して生きます。

あなたの本質のキャストは何でしょうか？　是非、ＨＰにアクセスして無料体験版のライトコンパスシートをダウンロードして調べてみて下さい。（Ｐ３５６参照）

★王さま

【王さま・光のキーワード】
高貴　気品　品格　謙虚　ゼネラリスト
好奇心旺盛
【王さま・闇のキーワード】
優柔不断　傲慢　お高くとまる
自尊心が強すぎる

◆基本的な性格
生まれながらにして、一国一城の主としての気品、威厳を持ち合わせた性格です。人となりも穏やかで、謙虚で礼儀正しく、周囲を強く敬う気持ちもあります。自分はそのつもりはなくても、持って生まれた徳深さがあるため、周囲からの引き立てや援助が多く、いつの間にか人の上に立っていることもあるかもしれません。もともと人から一目置かれるようなエネルギーを持っているので、パワフルでアクティブに活動しているあなたのもとに、自然と人が集まってくるでしょう。

◆闇の場合…【門番】

王さまという本質を持つがゆえに、気位が高くなりがちなので、時には人の言うことに耳を傾ける謙虚さや慈悲心が必要です。決断をすべきときに優柔不断になりやすく、気持ちがコロコロと変わりやすい一面もあるためチャンスを逃し、本来の居場所ではない門番のような場所に甘んじてしまう傾向もあります。いったんゴールを設定したら、粘り強く取り組み、持って生まれた徳を磨く努力を怠らないようにすれば、良い人生を歩むことができます。

★賢人

【賢人・光のキーワード】

知的　直観的　研究　発想　計画

器用　精神的

【賢人・闇のキーワード】

理屈屋　神経質　厭世的　自己卑下

悪巧み　実行力に欠ける

◆基本的な性格

知的で直観的、どちらかというと天才的なひらめき型人間です。一を聞いて十を知る、勘の良さを持ち合わせています。好奇心旺盛で、ものごとを進めるに当たり、分析、企画、立案する能力に秀でています。飲み込みが早く、一部分の情報から全体の仕組みやポイントを瞬時に察知することができます。そのため、大きなプロジェクトなどで問題が起こった時でも、「こうしたらいいいよ」などと適切にアドバイスしてくれる存在です。ここでの役割は、参謀、ブレーンという言葉がぴったりです。また、精神的な面もあり、森羅万象が分かる感性を持っています。

◆闇の場合…【隠遁者】

計画立案、企画は得意でも、考え過ぎて、時に実行力に欠ける面があります。絵に描いた餅にならないように、コツコツと成し遂げる努力を忘れずに。また、頭脳明晰で、人が気づかないようなところに気づく賢人は、人の心の裏表や理不尽さが気になり過ぎて、時に社会と関わりを持つことが面倒と感じ、隠遁者のように自分の殻に引きこもってしまうことも。人が気づかない細やかな視点や才能を持つがゆえに、孤立し苦しむこともありますが、その才能を役立ててこそ賢人となります。人生の方向性を間違わないようにしましょう。早くから自分の才能を活かせる職業と、信頼できる人間関係を見つけることが大事。自分がトップに立つよりも、ブレーンとしてサポート役に徹したほうが才能を発揮できます。

★大統領

【大統領・光のキーワード】

公明正大　寛大　陽気　主役　楽天家

【大統領・闇のキーワード】

怠惰　自己中心的　無神経　わがまま

見栄張り　大雑把

◆基本的な性格

周囲を明るく照らす、太陽のような存在です。性格は明るく陽気で、あまり細かいことは気にならないタイプです。エネルギーに満ちあふれていて、何ごとにも前向きに取り組み、日々活発に動き回っています。強いリーダーシップを発揮し、自身の存在そのものを光として、周囲を明るく照らします。あなたの笑顔を見ると、誰もが安らかな気持ちになり、ホッとすることでしょう。たとえ予想外のハプニングが起きたとしても、良い方向にとらえる前向きな姿勢が、マイナスをプラスに転ずる力を生じます。

◆闇の場合…【護衛】

もともと楽天的で大雑把なところがあるあなたは、自分は良かれと思ってやったことでも、周囲からは無神経な行動だと誤解されることも。時には人の考えに思いをめぐらせ、相手を思いやる気持ちを忘れないようにしてください。大統領というリーダーとして輝き、守り、導くエネルギーを使いきれないと、大統領を守るだけの護衛のような位置になってしまいがち。とはいえ、あなたの存在そのものが、周囲を照らす光となっているのも事実。常に笑顔を忘れないことが、人生を楽しくするカギとなります。

★大将軍

【大将軍・光のキーワード】
忠誠心　実行力　管理能力　剛胆　剛毅
質実剛健　実直
【大将軍・闇のキーワード】
短気　集団主義　滅私奉公
ネバならない　指示待ち

◆基本的な性格

行動力、決断力があり、ものごとを着実にこなす実行力を持ち合わせています。実直で、忠誠心もあり、真面目な性格のあなたは、お金や実務などの管理能力にも長けていて、職場などでは周囲からの信頼も厚く、頼りになる存在です。性格に裏表がなく、豪快な一面がある為、周囲からは「ガテン系」「体育会系」と思われているフシがありますが、多少のトラブルがあってもへこたれず、鉄砲玉のようにパワフルに乗り越えていく精神力があります。現実を見すえて的確な状況判断ができるので、実働部隊として結果を残せる人材となるでしょう。

◆闇の場合…【歩兵】

行動力があるがゆえに、いったんこうと決めたら、ともすれば全体を見渡さず、鉄砲玉のように独断に走りがちです。短気を起こして人と衝突したり、逆に、上手く行かないことで、無気力になったり、指示待ち人間になると、歩兵のような位置にいて、自分らしさを発揮できていない証拠。時には周囲の人の助言に耳を傾け、全体を把握、落ち着いて行動する姿勢を忘れないようにしましょう。大将軍のような一段高い位置から、環境や人間関係を見渡し、行動することで運が拓けてきます。

★博愛人

【博愛人・光のキーワード】
慈悲　多芸多才　社交的　ユーモア
博識　奉仕　舞台人

【博愛人・闇のキーワード】
曖昧　器用貧乏　移り気　優柔不断
逃避的　怠惰

◆基本的な性格

もともと博識で社交的、たくさんの人と関わることを苦にしないタイプです。性格は優しく、多芸・多才で人当たりも良いので、気がつくと周りに人が集まっていることも少なくありません。基本的に、友人達との交流を大事にする博愛人は、常に「人を楽しませたい」「役に立ちたい」というサービス精神にあふれています。平和をこよなく愛し、ケンカを見ると仲裁に入らずにはいられません。周囲への気配りを怠らない為、人から憎まれたり、嫌われたりすることは少ないようです。

◆闇の場合…【逃避家】

他人を傷つけるのを恐れ、人に合わせようとするあまり、自分の意思があるにもかかわらず、きちんと言えずに逃げ出してしまう優柔不断な面もあります。時には相手の為を思って、自分の意見をしっかり言うことも大切です。人生全般において、多くの人と関わりを持ち、よい仲間と巡り合えれば、精神的充足を得て喜びを感じられるでしょう。

★親分

【親分・光のキーワード】
統率力　清廉潔白　自己主張
実行力　決定権　交渉力
【親分・闇のキーワード】
排他的　白黒はっきりつけられなくなる
気弱　意固地

◆基本的な性格

何ごとも白黒をハッキリつけたがり、いったん何かを始めたら、最後まで徹底的にやらないと気が済まないタイプです。ゴールを設定したら、とことん突き進んでいく意志の強さを持ち合わせています。行動を起こすのが早く、何ごともスピーディに片付けるのが得意です。集団のリーダーとしてまとめていく統率力もあるので、人の上に立って物事をどんどん進めていく力量があります。細かいことにはこだわらない親分気質のあなたは、良い仲間や後輩と出会うことで、才能をいかんなく発揮することができるでしょう。

◆闇の場合…【子分】

仕事でも遊びでも徹底的にやることを好むあなたは、いったん何かにのめり込み、周囲が見えなくなると、親分ではなく、子分のように、わがままで意固地になり、他人に対する気遣いを忘れがちです。何ごとにもバランス感覚を忘れず、ときには周囲の人の声に耳を傾ける謙虚さを忘れないようにしましょう。大胆な性格は異性から好かれますが、男女間のトラブルに巻き込まれないよう注意が必要です。

★皇后

【皇后・光のキーワード】
おおらか　寛容　優雅
温和　善良　富貴
【皇后・闇のキーワード】
怠慢　頑固　プライド　決断できない
指示待ち　気が焦る

◆基本的な性格

大らかで温和な性格の持ち主です。頭も良く、何ごとにも寛容で、人を思いやり、盛り立てていく包容力があります。うまく人に寄り添いながら、淡々と物事をこなすことができます。外柔内剛の面もあり、一度、「こう」と決めると譲らない尊大さも持ち合わせます。様々なものごとをこなすバランス感覚にも長けているので、何か一つにひたすら没頭するよりも、色々なものをつないだり、調整したりする役割が向いていると言えます。急激な変化を好まない保守的で平和な生活の中で、幸せを感じることができるかもしれません。

◆闇の場合…【女中】

本来、皇后の徳を持ち、さまざまな面で恵まれているがゆえにプライドが高くなり、特別扱いされないと、ひがむことも。現状に満足して怠惰になったり、大雑把になったりすることもあります。また、あなた自身のセルフイメージが低いと、皇后の徳を活かせず、こんな自分ではいけないと、女中のようにがんばって働かねば…と思いはじめます。すると、プライドを振りかざしながら周りに押し付けたり、焦って空回りしたりするので、周りから敬遠され、本人も自分らしさを失い、大変な思いをしがちです。全体のバランスを見ながら、人を盛り立て、アシストする才能を活かせる自分なりのゴールを設定し、着々と行動をしていくことが大事です。

★巫女

【巫女・光のキーワード】

清らか　気高い　ロマンティック

直感的　感受性

【巫女・闇のキーワード】

神経過敏　悲観的　非現実的

依存体質　考え過ぎ　過去思考

◆基本的な性格

内面から湧き出るようなやさしさを秘めた、慈悲深い心の持ち主です。感覚が繊細で、どちらかというと性格は穏やかです。素敵な空想をめぐらせるのが大好き、というロマンチストな一面もあります。また、創造性が豊かなので、文学や音楽、芸術などクリエイティブなことに関心が高い傾向があるようです。周囲からは清らかで気高く、ソフトなイメージで見られることが多いあなたは感性や感受性が強く、人の心を瞬時に見抜く能力があります。自身の優しさやアドバイスで、相手を癒し、勇気と希望を与える存在となることでしょう。

◆闇の場合…【呪怨者】

巫女は感覚、感受性が人一倍繊細な分、人の言動をいちいち気にしてしまうところがあります。相手にはそんなつもりはなくても、必要以上に傷つき、ネガティブにとらえ、いつまでも心に、恨み、つらみを抱くことも。過去にとらわれ、人に依存しやすく、また臆病なところがあるので、自分の世界に引きこもり、なかなか、前に進むのに時間がかかります。それによりチャンスを逃していることも…そうなると呪怨者のように、心で人を責め恨み、自己憐憫の塊になってしまいます。過去にとらわれるのを止め、一歩踏み出す勇気を持ち、自然の神秘さや内なる感性を活かし、クリエイティブなことで自己を表現したり、人に助言を与えたり、サポート役にまわる人生を意識すると、自ずと道は拓けてきます。

★ハンター

【ハンター・光のキーワード】

酒食　歓楽　決断力　欲望達成力　実行力

【ハンター・闇のキーワード】

強欲　中途半端　異性好き

非道　移り気

◆基本的な性格

自分の欲望に正直で、アクティブです。いったんものごとを決めたら、ハンターの如く、狙いを定めて、突き進んでいく決断力、実行力を持ち合わせています。社交家で、遊び上手でもあるあなたは、周囲から見ると、危険な香りがする反面、セクシーで怪しげな魅力にあふれている存在に見えることでしょう。お酒や食べること、物欲や性欲に対する欲求も強く、積極的に動き回って貪欲に希望を叶えようとする様子は、異性を自然に引きつける魅力にあふれていますます。おしゃれで洗練された独特の振る舞いが、持ち前の個性をぐっと際立たせるようです。

◆闇の場合…【亡者】

自分の欲望に正直なあまり、楽しむ為なら、あれもこれもと欲しがる亡者のようになってしまったり、お金に糸目をつけないといった行動に走りがちです。また、一か八かの賭けに出るなど短絡的な傾向になることも。現実的な視点をしっかり持ち、様々な経験を糧にして、そこから学び、失敗を繰り返さない努力を怠らないようにしてください。人生の波が激しいタイプですが、しっかりとゴールを設定すれば、あなたの個性を活かした、素晴らしい人生を歩めるでしょう。

★研究家

【研究家・光のキーワード】
研究　企画力　分析的　弁舌
気配り　話上手　落ち着き
【研究家・闇のキーワード】
神経質　舌禍　陰口　批判的
独断的　視野狭窄

◆基本的な性格

一つのことを探求する、知的な才能を持ち合わせています。分析力、観察力に優れ、細かいことにもよく気がつく為、一つの専門分野を究めれば、優れた功績を挙げることができるでしょう。とりわけ言葉の能力に優れ、物事を論理的に説明します。自分の考えの正当性を語らせたらピカイチの才能を発揮します。会議などの議論やプレゼンの場面では、相手を説得したり、納得させたりすることも得意です。資料作成などもそつなくこなせるので、職場でも重宝がられる存在となるでしょう。

◆闇の場合…【毒舌家】

どちらかというと不器用なあなたは、自分が思ったことをそのまま口にして、人を不快にさせてしまうことも多いようです。特に、余計なひとことで相手を傷つけたり、関係を悪化させたりすることのないよう、日頃から気をつけてください。とはいえ、時には毒舌と聞こえることでも、それが個性になることも。持ち前の勤勉さ、熱心さ、頭の良さを活かす方向に働けば、素敵な人生が送れるでしょう。

★奉仕家

【奉仕家・光のキーワード】
面倒見が良い　奉仕的　温厚
ボランティア精神　博愛
【奉仕家・闇のキーワード】
おせっかい　お世辞　自己満足
親切の押し売り　笑顔を見せながら自己犠牲

◆基本的な性格
穏やかで面倒見が良い性格の持ち主です。人に対する接し方がソフトで、お世話することが大好きです。気遣いの心とホスピタリティの精神にあふれている為、職場や学校など、どこに行っても重宝される存在です。いつも笑顔を絶やさず、感じの良い人として歓迎されるあなたは、人が喜ぶことや、人をサポートすることに喜びを感じます。派手なパフォーマンスはできなくても、地道に努力を重ね、着実に結果を残していく堅実さも持ち合わせています。

◆闇の場合…【道化師】

何かをしてあげたいと思う気持ちは良いのですが、行き過ぎるとただのおせっかいになってしまいます。本当に相手のことを思うなら、引き際を考えることも大切です。人一倍気が利く性格だけに、知らずに自己を犠牲にしてまで頑張ってしまうことや、気を遣いすぎで空回りしてしまうことも。心で泣いて、顔は笑顔の道化師のようにならないようにしましょう。普段のあなたの誠実さや優しさが、周囲の人に大きな安心感と落ち着きを与えていることを、忘れないでください。

★統率者

【統率者・光のキーワード】

指導力　知性　精神性　親分気質

器が大きい　生真面目　実直

【統率者・闇のキーワード】

独善的　メンツにこだわる

葛藤を持ちながら人に迎合　指示待ち

◆基本的な性格

義理人情に厚く、後輩や部下の面倒見も良いあなたは、人を引っ張っていくリーダータイプです。人生に対する志が高く、精神的な分野で人を導きたいという欲求があります。自身の才能をフルに発揮して、アクティブに活躍する人が多いのも特長です。指導力があるので、個人で行動するよりも、集団の中で活躍するほうが向いています。強いリーダーシップで人をまとめ、後輩や部下からは一目置かれる存在となるでしょう。即断即決でものごとを進めていくあなたは、目の前のことを着実に片づけ、実行していくことに長けています。

◆闇の場合…【下僕】

もともと度量が大きく、親分気質のあるあなたは、人に従うことを嫌います。自分自身のメンツにこだわりすぎると、独善的でワンマンな印象を与えてしまいます。時には相手の言うことに耳を傾ける努力も必要です。ただし、自分自身のセルフイメージが低いと、統率者の気質があるにもかかわらず、人に従うことしかできない下僕のような位置に…もともと面倒見が良いので、人のサポートをするのが好きであっても、人に合わせることと従うことをはき違えると、自分自身を見失っていきます。自分らしさを大事にして過ごせば、誇らしい人生を送れるでしょう。

★突撃隊長

【突撃隊長・光のキーワード】
剛毅　武勇　激烈　裏表がない
行動力　決断力　独自的
【突撃隊長・闇のキーワード】
決断できない　葛藤　短絡的
直情的　衝動的　喧嘩っ早い

◆基本的な性格

強い意志の持ち主のあなたは、独立独歩で歩む一匹狼タイプ。権力に媚びずに、自らの足でしっかりと歩んでいく意思の強さを持ち合わせています。性格は負けず嫌いで、強い独立心と闘争心が常に共存しています。人に頼ることを好まず、持ち前の発想を活かしてマイペースで生きることを好みます。だからこそ、現代の競争社会の中でも果敢に困難に立ち向かい、どんな苦境も乗り越える力強さを兼ね備えていると言えます。ひとたび成功を手にすれば、個性的で突き抜けた人生を送ることができるでしょう。

◆闇の場合…【後方隊長】

自己主張が強く、人に干渉されることを嫌う為、たびたび周囲の人とトラブルを起こすことも多いようです。短気を起こすばかりではなく、自分の考えを相手にきちんと説明する努力も必要です。もともと周りから理解されにくいタイプなのですが、小さい頃に、その強い個性を、親に強制されて育つと、本当はこうしたい、でもネバならないという、葛藤が生じやすい傾向になり、決断することができにくくなります。突撃隊長はやりたいことを率先して遂行し、人生において決断していくことで道を切り拓いていくタイプです。常に人の後ろにいて、決断しない後方隊長では、持ち前の才能が発揮できなくなってしまいます。

★変革者

【変革者・光のキーワード】

反骨精神　オリジナリティ

創造のための破壊者　独創的

【変革者・闇のキーワード】

決断できない　事なかれ主義

自分勝手　傍観

◆基本的な性格

世界を変える変革者のように、古き所に旋風を巻き起こすような個性を持った人です。反骨精神にあふれているあなたは、現状に満足するのではなく、常に世の中をシビアな目で見つめています。自分が「こうだ！」と思ったら、突っ走っていくタイプ。独特の発想と個性的な性格から、周囲からはちょっと変わった人と思われがちですが、天性の思い切りの良さを活かし、予想外の良い結果を残すこともあります。いい意味でのオリジナリティが、現状を変える起爆剤となり、周囲に明るい光をもたらします。

◆闇の場合…【傍観者】

好き嫌いがはっきりしていて、反骨精神があるので、他人とつるむことや、お世辞を言って人に媚びることが苦手です。小さい頃に、その個性を強制されてしまうと、持ち前の、変革者の発想や独創性が発揮できず、人と同じことを良しとする傍観者になってしまいます。それでは、変革者としての人生のサイクルが回らなくなります。あなたの持つ、人とは一味違う独特な視点や考え方、ユニークさこそ才能だと理解し、同じことを繰り返す毎日ではなく、チャレンジすることを心がけましょう。その中から自分らしさが見えてきます。

●14キャスト早わかりベスト3

図25　【14主要キャストの特徴早わかりベスト3】

	1位	2位	3位
●金運のあるキャスト	皇后	王さま	大統領
●恋愛運のあるキャスト	ハンター	巫女	博愛人
●自立運の強いキャスト	大統領	統率者	突撃隊長・親分
●仕事運が強いキャスト	大将軍	大統領	王さま
●専門性で頭角を現すキャスト	賢人	研究家	統率者・奉仕家
●体を張る体育会系キャスト	突撃隊長	大将軍	変革者
●癒し系キャスト	巫女	博愛人	奉仕家
●やりたい放題キャスト	ハンター	親分	突撃隊長
●イケイケリーダーシップキャスト	大統領	統率者	親分・大将軍
●慕われリーダーシップキャスト	王さま	賢人	大将軍
●人生の総合的安定感ありキャスト	王さま	皇后	博愛人
●人生の波乱万丈運キャスト	突撃隊長	ハンター	変革者・研究家
●論理性の強いキャスト	賢人	王さま	親分
●情緒的なキャスト	巫女	奉仕家	博愛人
●勝負運の強いキャスト	ハンター	突撃隊長	変革者
●人気運のあるキャスト	大統領	親分	ハンター

●おっさん、おばさん、ナイチンゲールキャストとは

ライトマスターチャートの中で、「本質」「社会・移動」「仕事」「財」の4フィールドは、その人の人生を形成する核となるキャストが入ります。それをまとめて「4つのコア」と言います。

4つのコアを見ると、その人の特徴や潜在性などが大雑把ではあってもすぐに分かるのです。4つのコアに入る傾向を3つに大きく分けて、おっさん、おばさん、ナイチンゲールとしています。結構、ふざけたネーミングですが、案外4つのコアを観るだけで、盛り上がったりするのです。

例えば、自分は主婦には向かないと思っていた方など、4つのコアを観て、おっさんキャストだったと分かると「やっぱりね～」という反応が多いです。世話焼きでおしゃべり好き、肝っ玉母さん的な、おばさんキャストだと分かると「すごく分かります」とか、精神世界や霊的なことに興味を持ちやすく、直感的な傾向で人のために生きたいと求める人は、ナイチンゲールキャストですというと、これまた非常に納得されることも多いのです。

【おっさんキャスト】
王様・大将軍・親分・ハンター・突撃隊長・変革者

【おばさんキャスト】
大統領・皇后・研究家・奉仕家

【ナイチンゲールキャスト】
賢人・博愛人・巫女・統率者

4つのコアを知るには「本質」「社会・移動」「仕事」「財」のフィールドに、どのようなキャストが配置されるかで、おっさん、おばさん、ナイチンゲールキャストなのかを読み取ります。ただし、きっちりと3つのキャストに分かれるだけではなく、混合型として配置されている方も多くいらっしゃいます。あなたの潜在性は、おっさんでしょうかおばさんでしょうか。それともナイチンゲールでしょうか？

●サブ・キャストの基本的な特徴

ＮＥ運命解析学のキャストには、メインの14キャスト以外にサブ・キャストというキャストが19存在します。ほとんどは似た特徴を持った「双子キャスト」の構成です。このサブ・キャストが、各フィールド、特に本質の一番上に書かれている場合、サブ・キャストの特徴が、まず主に現れます。

しかし、種となる本質は必ず14キャストのどれかにカテゴライズしプログラムを読むという法則がある為、本質は、誰もが14キャストのどれかに当てはまります。その場合、サブ・キャストの要素を主に観ながら14キャストの意味を絡めて観ていくことになるのです。ここでは、本質に、サブ・キャストが入った人の場合の基本的な性質の特徴を記しておきます。

（注）双子キャストは内容がかなり似ているもののあります。

１．アーティスト

非常に聡明で博識です。文化、芸術方面に関心が深く、特にダンスや、音楽、演劇方面に才能を発揮します。また、哲学や心理学、精神世界、宗教や神秘学などの方面にも関心を示します。欠点は、精神的に持久力にやや欠けるところがあります。

2．クリエイター

非常に聡明で博識です。文化、芸術方面に関心が深く、特に文学、創作、絵画、学問方面に才能を発揮します。また、哲学や心理学、精神世界、宗教や神秘学などの方面にも関心を示します。欠点は精神的に持久力にやや欠けるところがあります。

3．協力者

人を補佐する役割を持ち、聡明で知性が高く、協力的で、慈悲心に富みます。人の面倒を良く見、多くの友人知人に恵まれ、援助や名声を得られます。

4．助言者

人を補佐する役割を持ち、聡明で知性が高く、社交的です。また、慈悲心に富み、計画性も優れています。人の面倒を良く見、多くの友人知人に恵まれます。

5．ラッキー姉貴人

聡明で賢く威厳があり、名声を得ることができるようになります。友人知人が多く、目上の者からも援助を受けることになります。異性との縁も健全で良好です。比較的若くして、良いパートナーと巡り合うようになります。

6. ラッキー妹貴人

聡明で賢く威厳があり、名声を得ることができるようになります。友人知人が多く、異性からの援助も受けることになります。比較的若くして、良いパートナーと巡り合うようになります。

7. 教授

頭脳明晰で経理に強く、金銭感覚に優れ財を得やすい人です。慈悲心、正直、蓄財、経済、富、地位、名声、保守的、剛毅、強情等複合して持っています。人に教えたり、導いていったりすることも得意です。若干、ケチなところもあります。

8. 剣士

一見、人当たりが良いですが、中身は癖があり、頑固で、時に孤立・摩擦・事故・怪我の状況を生み出します。物事を決めると決断力に富み機知に長けます。刃物を恐れず刀剣を使う能力がある為、料理人や理美容師、外科医といった職業や、トラブルを解消するような仕事、火や鉄、金属加工などの世界も向くでしょう。

9．頑固者

一見、人当たりが良いですが、中身は頑固で、直情的です。突如停滞を強いられることが起きやすく、ダラダラしてしまう傾向となります。覚悟を決めると突破力や粘り強さが備わり度胸もあり機知にも長け、停滞を打破していくことが進化に繋がります。

10．風雲児

一見、人当たりが良いですが、中身は激しい性格をしており、パワフルで強烈な個性の持ち主です。細部にこだわることは苦手で、大雑把に物事を捉えます。瞬時の判断力と行動力はありますが、喜怒哀楽が一定せず、すぐに気分が変わるようなところがあり、短気でせっかちでもあります。落ち着いて乗り越えることで、達成力や勇気が備わってきます。

11．刺客

一見、人当たりが良いですが、中身は喜怒哀楽が激しく変わった個性の持ち主です。細部にこだわることは苦手で、大雑把に物事を捉えます。意外性から人前で特に目立つ存在となります。内なる葛藤が多く、気分が変わるようなところがあり、短気でせっかちでもあります。孤独を好む面もあります。しかし、これらを乗り越えると、度胸が付き、冷静沈着な判断力を持ち、肝が据わってきます。

12. 悲観者

感性が豊かすぎるためか、ものごとを悲観的に捉える傾向があり、神経質で取り越し苦労の多い人です。人生に悲観し、生きているのが嫌になりがちで、深刻に受けとめる性質ですから、哲学や心理学、神秘学、精神世界などに惹かれていきます。その思考パターンを乗り越えると、人生に深みが出て、人の痛みが分かる感性と知性を持つこととなります。また、楽観的にもなります。

13. 妄想家

感性が豊かすぎるためか、ものごとを悲観的に妄想する傾向があり、それゆえ、人生に悲観し、生きているのが嫌になりがちになり、神経質で取り越し苦労の多い人です。物事を深刻に受けとめる性質ですから、哲学や心理学、神秘学、精神世界などに惹かれていきます。その思考パターンを乗り越えると、心理的に人に良きアドバイスが出来るようになります。直感力やインスピレーションに優れているので、それを磨き活かすと霊的能力に優れることもあります。

14. フウテン

一ヶ所になかなかとどまることができない傾向となります。逆に動き回ることで、運を掴んでいきます。移動の乗り物や運転技術者としても活躍できます。

15. 花魁

不思議な魅力で異性を虜にします。気をつけなければ、異性で身を滅ぼしかねません。異性に溺れることなく、相手を見極める目を養うことが重要です。

16. 布袋さん

福分厚く、人生で衣食住に困るようなことはありません。気前が良く、人に色々と振る舞うことを好み、その結果多くの友人から慕われるようになります。このキャストは幸運の象徴でもあります。

17．リーダー

権力や地位、リーダーとして高い地位に恵まれます。中途半端なことが嫌いで、何をするにもしっかり筋を通します。時に、善行を行い、人に教え諭すこともあります。結果、人々に慕われ、信頼されていきます。

18．学問オタク

非常に知的で聡明な人です。若い頃から秀才ぶりを発揮し、芸術、学術方面に優れた才能を示します。試験に強く、学習することで運が拓けます。ビジネスや官僚の世界に進んでも活躍することができます。

19．デビル

こだわりが多く、視野が狭くなりがちで、やや固執的な傾向を持ちます。何かと困難や災難につきまとわれますが、突発的な災難に遭遇しても、それを乗り越えることで、かえって急激に成長し成功したりします。

●タイムキャストとは?

タイムキャストとは、人生の傾向やテーマ、課題が10年ごとに記されたものをいいます。(図26参照)人により10年のスタート時期は違いますが、10代から100歳過ぎまで、各10年間がどのような傾向になりやすいのかが分かります。

人は、魂が進化する為に人生全般において様々なテーマをちりばめて書いてきています。10年ごとのタイムキャストのテーマや課題が分かれば、今が打って出る時なのか、学びの時なのか、罪状昇華の時なのかといった傾向が分かります。今の10年はどのような時なのか…それを理解し、そのテーマを生き、良い悪い関係なく、そこから常に学び、運命をレベルアップする選択をしていけばよりよく生かされていくといえるでしょう。

世間の占いの概念では、今、苦労しても5年後には運気が上がるなどと言う人もいますが、そう言われて喜んでいるだけで、何もしなければ、運命そのものは変わりません。ままならないと感じるテーマの時でも、コツコツとそこから常に学んでいけば、運命はレベルアップするのです。5年後の運気が上がることだけを夢見て、今のテーマの学びを放置したまま流されて生きているだけでは、5年後の運気が良くなる時でも、クリアしてない課題は次のタイムキャ

図26　ライトマスターチャートで観た時の10年のタイムキャスト

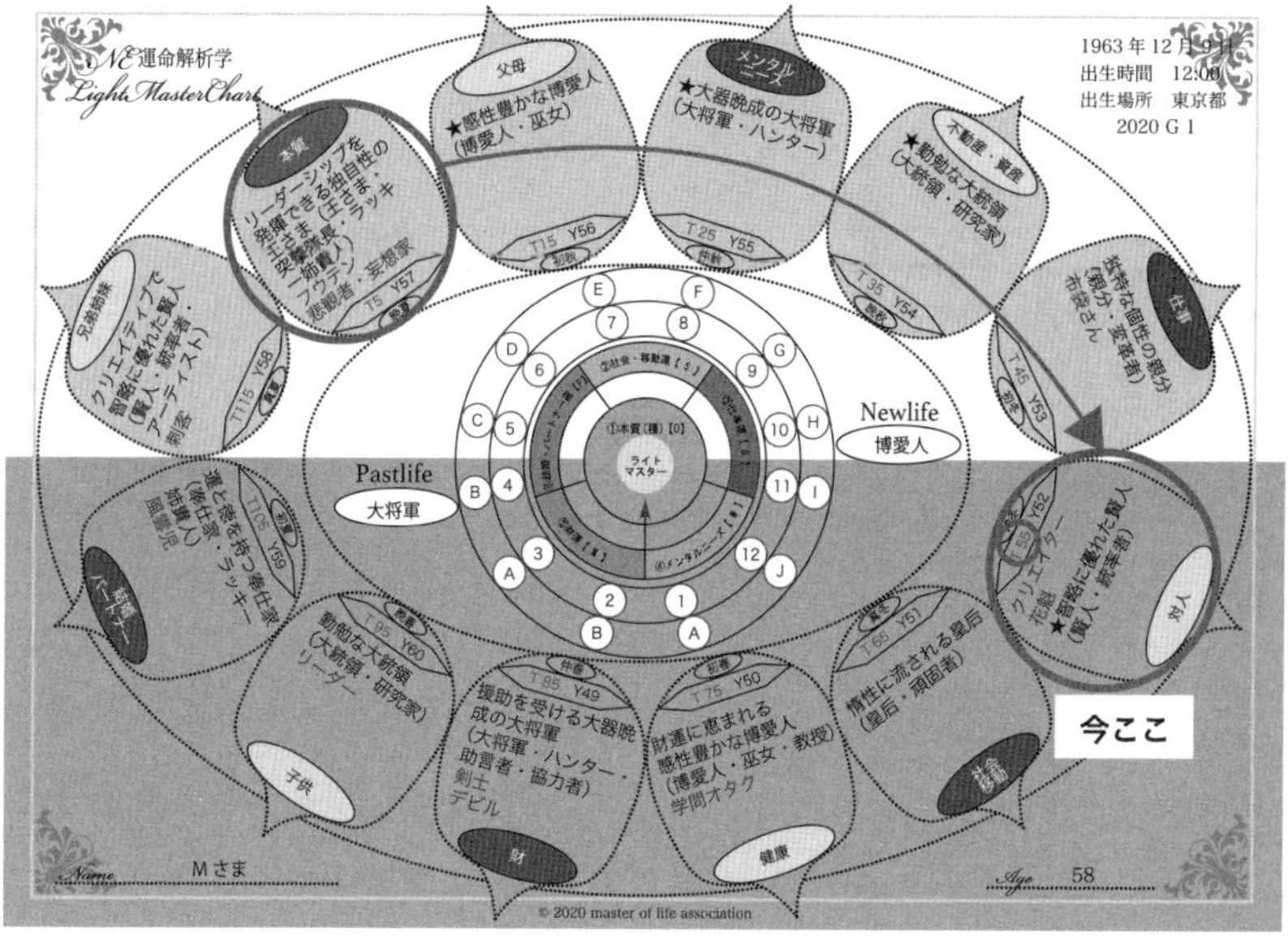

ストの時に持ち越され、苦労することもあるのです。

人生は、全てが、蒔いた種の累積です。一見、ままならない10年の時でも、過去世に蒔いた因果の種を刈り取る機会だととらえ、その時のタイムキャストのテーマを理解し、テーマを活かし切ることを心掛けると人生は飛躍していきます。

逆に今、とても運気が良くても、それに奢っていると、タイムキャストが変わった時に幸運の継続は難しくなるものです。自分の人生全般のタイムキャストを理解し、良い時も悪い時も奢らず、今、目の前の事象から、学ばせていただけることに感謝して生きると、全ては善くなっていきます。

●罪状、才能・伸ばしどころを表すキャストついて…

過去、何千年と同じパターンにはまり繰り返してきたことを、この時期に、転換していくことで新たな昼の時代へと移行できる進化が加速していきます。罪状は転換すると、そのプロセスで学び、得たものは人生における価値となり、恵財を得る【財状】に変わることにもなるのです。

ＮＥ運命解析学では進化を阻む【罪状】がひとりひとり、どのように書かれているのかどんな時期に出やすいのか…また、喜び多い人生に、開花させる〔才能や伸ばしどころ〕とは何なのか、それらを19のサブキャストから読み取ります。

本来、ものごとは対になっています。良い悪いという絶対的な判断はなく、陰極まれば陽になる法則の通り、一見、主要なキャストに対し影を落とし良さをかき消す働きをするサブ・キャストであっても、そこから学び転じれば、人生に深みを増したり、転換や飛躍のチャンスにもなるものです。

一見、ままならないことが続いても、そこから運命がレベルアップする気づきが得られる時期であったりもするのです。

逆もしかりで、伸ばし所や才能にあぐらをかいていたり、ブラッシュアップしなければ、やがて反転していきます。ここでは、サブキャストがどのような吉的な働きをするキャストなのか、凶的な働きをするキャストなのかを明記します。※フウテンは良し悪しの意味がないので省いています。

図27 【才能・伸ばしどころとは…】

- 自他を生かし進化成長発展を助長する特質
- 自分や人が喜ぶことを目指し才能を磨くことから天命を見出す。

サブキャスト名	才能、伸ばしどころ	マイナスに転じた傾向
		才能や伸ばしどころに気づかなければ何ひとつ開花しないという傾向となる
アーティスト	聡明、博識、知性、精神的、人望、文化、芸術方面に強い、特に音楽、ダンス、演劇、文学、教育	怠慢、危機的状況に疎い、エゴ、嫉妬、比較観念、気分屋、実行力の欠如、頼りない
クリエイター	聡明、博識、知性、精神的、人望、文化、芸術方面に強く、特に文学、創作、絵画、マンガ、学問、教育	怠慢、危機的状況に疎い、エゴ、嫉妬、比較観念、気分屋、実行力の欠如、頼りない
協力者	協力、協調、補佐、サポート、慈悲心、面倒見、向上心、提案	嫉妬、浮気性、マイナス思考、優柔不断、依存心、偽善
助言者	協力、協調、補佐、社交性、計画性、慈悲心、面倒見、向上心、助言	嫉妬、浮気性、おせっかい、押しつけ、偽善
ラッキー姉貴人	聡明、知性的、人や目上の人から援助、助け、引き立てられる徳を持つ、自立心	プライド、見栄、傲慢、優越感、独占欲
ラッキー妹貴人	聡明、知性的、人から異性から援助、助け、引き立てられる徳を持つ、自立心	プライド、見栄、傲慢、優越感、独占欲、怠慢
教授	慈悲心、正直、金銭感覚、蓄財能力、教え導く能力、衣食住安泰、自己肯定感	保守的、頑固、強情、ケチ、怒張り、他者依存
リーダー	指導力、カリスマ性、地位、尊敬、信頼、積極性、やる気、意欲的	独善的、権力志向、権威主義、ひとりよがり、エゴ、プライド
学問オタク	知的で聡明、学業で開花、研究、探求、芸術、試験に強い	視野狭窄、執着、優劣観念、オタク気質、こだわり、非生産
布袋さん	強運、何があっても結果オーライ、徳がある、財、衣食住に困ることはない	慢心、怠慢、感謝不足、停滞

図28 【罪状とは…】

- 進化を阻み自分も人も良くしない感情、思考、傾向、時に出来事
- スポーツや武道、ビジネスなど、自他共に切磋琢磨し何かを成す行為の中から気づきが起こり、悩みや痛みが転換することで天命を見出す。

サブキャスト名	罪状	転換後の特性
剣士	闘争心、乱暴、怪我、手術、事件、事故、裏切り、口論、劣等感、プライド	特殊な技術、危険な仕事、トラブルを解消するような仕事、運動能力、反骨精神、人の痛みを知る心を持つ
頑固者	ルーズ、怠慢、投げやり、執着、固執、プライド、虚栄心、停滞を強いられる、突発的事故、金銭トラブル	突破力、壊す仕事、職人、チャレンジ精神、信念、粘り強さ、反骨精神、勇気
風雲	短気、せっかち、視野狭窄、考え無し、無計画、外的闘争、怒り	瞬発力、パワー、機動、達成力、勇気、勝負心
刺客	陰湿、嫉妬、妬み、葛藤、内的闘争、天邪鬼、人の目を気にする、自己否定、憎しみ	勇気、度胸、肝が据わる、冷静沈着な判断力、隠れた勝負心
悲観者	神経質、厭世観、考えすぎ、被害者意識、自暴自棄、投げやり、後悔	人の身心の痛みが理解できる、慈悲心、楽観者、良きアドバイスができる
妄想家	被害妄想、自己憐憫、考え過ぎ、自己不審、猜疑心、不安、恐怖心	直感力、霊的能力に優れる、心理的に人に良きアドバイスができる、空想力、創造性
花魁	好色、色情因縁、異性でトラブル	社交性、ファッションセンス、歓楽的、飲食を楽しむ
デビル	突発的な災難、妨害、挫折、破滅的思考、究極的な自己否定、自己憐憫、自己嫌悪、奴隷マインド、こだわり	ピンチはチャンス的事象、自覚して転換すると財状、成幸へと繋がる、浄化、昇華

●布袋降臨・デビルアタックとは何か？

ＮＥ運命解析学の３０７あるキャストで、人間ではないキャストが２人います。

このキャストは最大の吉キャストを表す神様の布袋さんと（図29参照）、最大の凶キャストを表すデビルです。（図30参照）ただし、ＮＥ運命解析学の考え方は、全てのキャストに二元論は用いてはいません。

良いも悪いも、光も闇も全ては対になっていて、陰極まって陽になり、陽極まって陰になる自然界の法則通り、ひとつの現れ方だとしています。全ては進化成長へと向かう為の、学びの要素と捉えます。

ライトマスターチャートには、初めから布袋さんもデビルも、必ずどこかのフィールドに配置されていますが、更なる運命を深く読み解く際に、元々のプログラムとは別に、この布袋とデビルが動き回るという特殊な読み方をします。

それにより、運命の詳細を深く示してくれるのです。布袋が12フィールドのどこかに動くことを「布袋降臨」と言い、布袋が降臨したフィールドは配置されているキャストの良さを更に高めてくれます。

逆にデビルがあちこち動くことを「デビルアタック」と言い、アタックされたフィールドに配置されているキャストは、その良さを、かき消されてしまうことになります。

こういった複雑な法則の読み方の元に、ひとりひとりの運命プログラムを読み解いていきます。故に、星占いや気学のように１月生まれの人は、こうです…という具合に、簡単に伝えることができないのです。

【布袋さん】

図29

【デビル】

図30

第5章　本当の自分へのパスポート

●ひとりひとりへ向けた運命をレベルアップするメッセージ集

難解で複雑な太古の運命プログラムを、今の過渡期の時代に人々の運命をレベルアップする為の道具として作り変えたからには、いかにその狙いと内容を分かりやすくお伝えするか…その思いを形にしたのが「本当の自分へのパスポート」というひとりひとりへ向けたメッセージ集です。ただし、この「本当の自分へのパスポート」は、ライトマスターチャートに書かれている内容の約半分の情報です。

12フィールドある内のライフナビゲーションが向かう、6フィールド、本質、社会・移動、仕事、メンタルニーズ、財、結婚・パートナーの内容と、運の開花する方向性のライフナビゲーション人生80年分のタイムキャストの説明が書かれてあり、更には特典内容として6フィールドの内容に合わせた、光の人生へと導くワード集を盛り込んでいます。

現在、パスポートを申し込みされる方には、ライトマスターチャートもセットでお渡ししていますが、ライトマスターチャートは、ＮＥ運命解析学のライトマスター講座くらいまで学ばないと普通の人では、読み解けません。

故に、パスポートを購入されるとＮＥ運命解析士の解説セッションが付いています。せっかく、パスポートをご購入していただいても、文字で読めるパスポートの情報は約半分ですし、かつ、正しく深い読み方があります。パスポートをご購入された方は、ライトマスターチャートも踏まえたご自分の運命プログラムの解説セッションを、是非お受けになっていただきたいと思います。

［コラム３］「本当の自分へのパスポート」制作秘話

なぜ、ライトマスターチャート、全ての内容をパスポートにしなかったのですか？　と疑問に思われる方もいると思います。本来なら、12フィールド全ての詳細な運命プログラムの内容を、分かりやすい言葉としてひとりひとりに盛り込めれば良かったのですが、それはほぼ不可能なことでした。

ライトマスターチャートは平面に書かれたものを読むだけではなく立体構造になっていて、

そこから読み取れる細かな内容があるという複雑な構成になっています。それ故に運命の詳細が読み取れるのですが、12フィールドの内容を１００％全て、普通の人が読んでも分かるように紙媒体に落とし込むことは困難でした。まずはライフナビゲーションが向かう6フィールドと人生80年分のタイムキャストまでは読めるようにしようと、とりかかったのですが、協会を設立した２０１４年時のパスポートは、今のデータ版とは違い紙の冊子でした。その制作過程は、全てスタッフの手作業だったのです。

私の編纂した電話帳ほどの厚さになる膨大な6フィールドのキャストの意味をまとめた「キャストブック」の中からスタッフが、フィールドのキャストに書かれた内容をひとつひとつ切り貼りで6フィールドに張り付けて、ひとつのパスポートに約2時間くらいかけて校正し、印刷に出して作っていったのです。

同じ内容の人は、ほぼいない訳ですから大量印刷ができません。それが、協会を立ち上げた時のはじめてのコンテンツなのですから、かかる労力と時間、諸々のエネルギーの浪費を考えると、利益を追求するビジネスという発想からは程遠く、ヴィジョンのみを観て、無から有を生み出す、過酷なトライ＆エラーの繰り返しだったといえます。

その中で協会の運営も考えると、ライフナビゲーションが示す6フィールドをパスポートの内容として入れ込むのが精一杯だったのです。

設立当時からのメンバーは、今や協会の2本柱の理事になってくれている佐藤望さんと植田幸代子さんです。佐藤さんは、これまで普通のOLやアルバイト経験しかなく、植田さんに至っては主婦以外やったことがないという経歴でした。

制作のプロがいるわけでもない中で、私のヴィジョンありきの無から有を生み出す、という環境で、何度もお試しの事象が来て、何度も壁にぶつかりながら、その都度壁にノブを見出し扉を開き、ようやくゴールに手が届きそうだと思った瞬間、また、遠のいた…という経験を幾度となく繰り返しました。それでもあきらめることなく乗り越えて、よく共に歩んでくれたと思います。悲喜こもごも、色々な経験をして、今では「本当の自分へのパスポート」はライトマスターチャートとともにシステムになり、その他のコンテンツや講座も充実するようになりました。それを受講したNE運命解析士のメンバーも数多く育ってくれています。

愚直にやり続けたことは、間違いなく各々の魂的な進化に繋がっているようです。現在の「本当の自分へのパスポート」は一番初めの冊子の時から、30数回改訂を重ねたものです。それでも日夜、分かりやすさや、読みやすさ、伝わりやすさを目指してブラッシュアップに余念がありません。

●M子さんのケース

ここで実際に、ケースをご紹介します。どのような経緯でセッションに至り、生き方の方向性を見出していかれたのか、参考例です。

相談者M子さん。女性【１９９１年10月23日23時30分東京生まれ】

マスターオブライフ協会の無料ダウンロードに興味を持ち、ライトコンパスシートをダウンロードしたものの意味がよく分からないので、ＮＥ運命解析士の無料解説をお願いするということになりました。

M子さんのお悩みは、結婚したいのだが、結婚がなかなか進まず悩んでいる…自分の結婚運はどのようになっているのか？　を知りたいというご相談です。

図31

NE運命解析学

M子さん

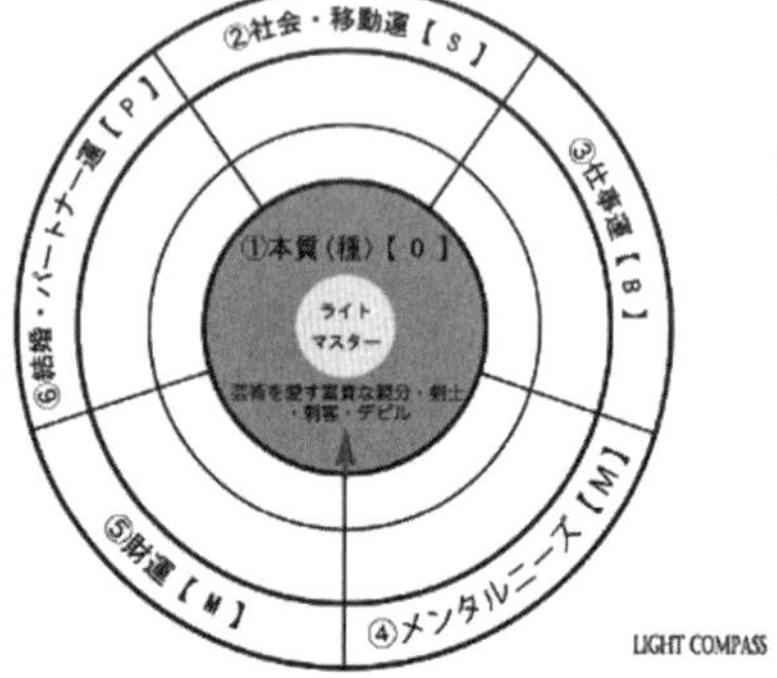

◆あなたの人生が開花するライフナビゲーション&ナビゲーションキャストとは？

ライトコンパスの中の矢印の示す向きが、あなたの人生が開花する方向性です。6つある中でひとつをさしています。それをライフナビゲーションとしています。まず、そこに向かい日々実践、チャレンジしていくことで、自分らしさを発見でき運が拓いてきます。その結果、あとの5つがついてきます。間違った方向性を生きると、遠回りになります。

1. 本質…本質・核とライフナビゲーションの方向性が同じ人なので、核を開花させる事が重要です。まず徹底的に自分の個性、傾向、潜在性、特徴、才能など、あらゆるスキルや経験を通じて理解し、自信を持って生きられるようにすることです。自身の才能を認め、伸ばし、価値として堂々と提供できていると思えるようになれば、素晴らしい人生となります。

2. 社会…自分の本質に合った良き環境選びが重要になります。人や社会に影響されやすい事もある為、自分の軸や意見をしっかり持っていないと環境に振り回される傾向となります。自分が属した社会環境から大いに学び、その中からチャンスを掴み、どんな環境においても、自分が培った才能やスキル、価値を提供し、その環境がより良く発展できる一端を担えると、人生が開花します。

3. 仕事…人生は仕事が中心となります。ただし、これからは自立の方向性に向かうので、人に指示命令され従うだけで良しとする仕事からは、脱却しなければいけません。自分の仕事のスタイルをしっかり打ち立てることです。自分の適正にあった仕事を通じて自己を磨き、仕事が上手くいけば、後から、喜びがついてくる人生です。

4. メンタルニーズ…人生の選択の基軸は、常に自分の心の声に従うことです。内なる感性を培い、外部の常識や頭の声を聞いて生きるのではなく、心の声に素直に従うことを心がけましょう。その為に重要なことは、一人でいる時間や、あなた自身の生き方を大事にすることです。それを極めることでプロとなる可能性を持つ人です。

5. 財…本来、お金に縁をし、恵財的な豊かさを得る計画性と感性があります。その術を磨くことを心掛けましょう。ただし、その財を自分のためだけに使うのではなく、人や社会に循環させることで、真の豊かさを得る力が発揮されてくるでしょう。財の循環を重視することで、すべての運がついてきます。

6. 結婚・パートナー…良き結婚相手、人生のパートナーを見つけましょう。良き相手を選べば、家庭や二人の関係性が基盤となり、人生が発展していきます。ただし、これからの生涯のパートナーは、異性に限らず、同性、友人、ペット、ロボットでも良いでしょう。相手を間違うとパートナーによる苦労で人生が翻弄されます。

◆光キャスト・闇キャスト

光キャストとは…本質のキャストに基づいた自分を生きている人
闇キャストとは…本質ではなく他人を生きているような人

さて、あなたは今、光、闇、どちらのキャストを生きていますか？

光のキャスト	闇のキャスト
王さま	門番
賢人	隠遁者
大統領	護衛
大将軍	歩兵
博愛人	逃避家
親分	子分
皇后	女中
巫女	呪怨者
ハンター	亡者
研究家	毒舌家
奉仕家	道化師
統率者	下僕
突撃隊長	後方隊長
変革者	傍観者

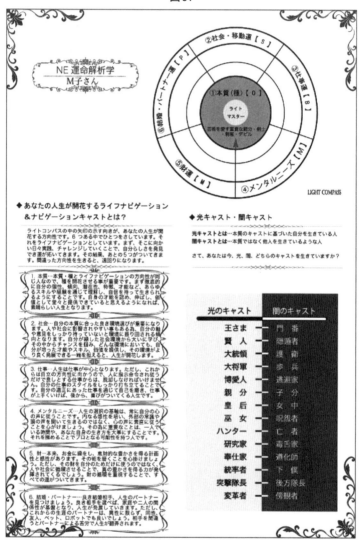

図32

親分

統率力・清廉潔白・自己主張・実行力・決定権・交渉力

何ごとも白黒をハッキリつけたがり、いったん何かを始めたら、最後まで徹底的にやらないと気が済まないタイプです。ゴールを設定したら、とことん突き進んでいく意志の強さを持ち合わせています。行動を起こすのが早く、何ごともスピーディに片付けるのが得意です。集団のリーダーとしてまとめていく統率力もあるので、人の上に立ってものごとをどんどん進めていく力量があります。細かいことにはこだわらない親分気質のあなたは、良い仲間や後輩と出会うことで、才能をいかんなく発揮することができるでしょう。

仕事でも遊びでも徹底的にやることを好むあなたは、いったん何かにのめり込み、周囲が見えなくなると、親分ではなく、子分のように、わがままで意固地になり、他人に対する気遣いを忘れがちです。何ごとにもバランス感覚を忘れず、ときには周囲の人の声に耳を傾ける謙虚さを忘れないようにしましょう。大胆な性格は異性から好かれますが、男女間のトラブルに巻き込まれないよう注意が必要です。

排他的・白黒はっきりつけられなくなる・気弱・意固地

子分

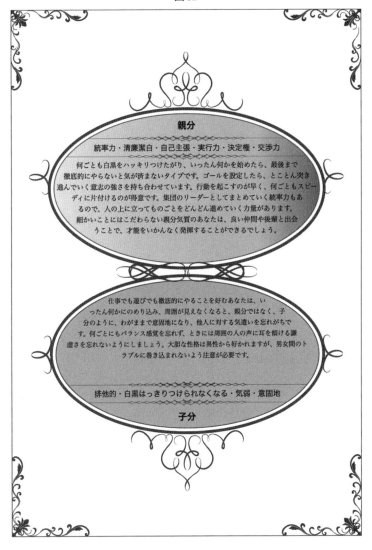

図31の無料版のライトコンパスシートの表面には、中央のライトマスターと書かれた下に、本質のキャスト名が書かれています。

M子さんの場合【芸術を愛す富貴な親分・剣士・刺客・デビル】と、かなり多めのキャストが入っています。そして真ん中に赤い矢印が向いているので、人生の運を開花する方向性は【本質】の人となるのです。本質の所には、【本質・種とライフナビゲーションの方向性が同じ人なので、種を開花させることが重要です。まず徹底的に自分の個性、傾向、潜在性、特徴、才能など、あらゆるスキルや経験を通じて自分を理解し、自信を持って生きられるようにすることです。自身の才能を認め、伸ばし、価値として堂々と提供できていると思えるようになれば、素晴らしい人生となります】と書かれています。

本質が【親分】だということや、光キャストを生きた時の親分の特性や、闇を生きると【子分】になるということは裏面にあり（図32参照）、何となく理解できたといいます。「芸術を愛す富貴な親分」がどういう特質のキャストで、その下にある「剣士」や「刺客」「デビル」という恐ろしそうな名前のキャストの意味は何か、そのことを踏まえ、本質を開花させ、徹底的に自分の個性や才能を知るとはどういうことなのか、かつ自分の結婚運や人生の方向性をお知りになりたいということで、パスポートを購入していただきました。パスポートを購入すると

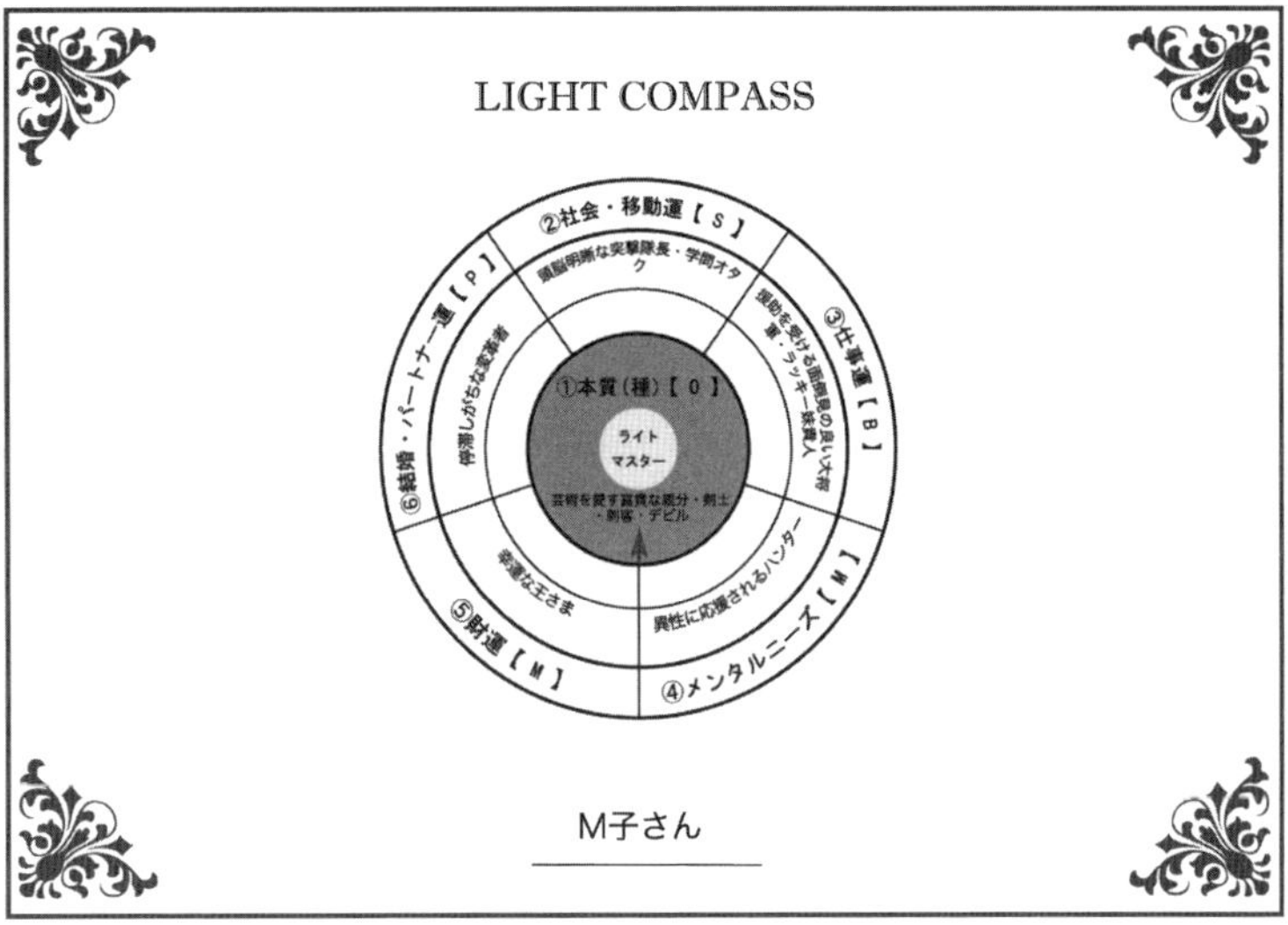

図33　ライトコンパス

ライトマスターチャートもセットで付いてきます。

●M子さんの「本当の自分へのパスポート」

本当の自分のパスポートの内容は全33ページからなり、無料のライトコンパスシートとは違い、本質、社会・移動、仕事、メンタルニーズ、財、結婚・パートナーの6フィールドに全てのキャストが出そろいます。（図33参照）

PERSONAL DATA

本質	芸術を愛す富貴な親分 (親分・皇后・アーティスト) 剣士・刺客・デビル
社会・移動運	頭脳明晰な突撃隊長 (突撃隊長・クリエイター) 学問オタク
仕事運	援助を受ける面倒見の良い大将軍 (大将軍・奉仕家・協力者) ラッキー妹貴人
メンタルニーズ	異性に応援されるハンター (ハンター・助言者)
財運	幸運な王さま (王さま・ラッキー姉貴人)
結婚・パートナー運	停滞しがちな変革者 (変革者・頑固者)

TIME CAST

3～12歳	芸術を愛す富貴な親分 (親分・皇后・アーティスト) 剣士・刺客・デビル
13～22歳	神経質な巫女 (巫女・悲観者・妄想家)
23～32歳	異性に応援されるハンター (ハンター・助言者)
33～42歳	表現が苦手な博愛人 (博愛人・研究家) 布袋さん
43～52歳	援助を受ける面倒見の良い大将軍 (大将軍・奉仕家・協力者) ラッキー妹貴人
53～62歳	パワフルな大統領 (大統領・統率者) リーダー
63～72歳	頭脳明晰な突撃隊長 (突撃隊長・クリエイター) 学問オタク
73～82歳	賢人・フウテン

図34

6フィールドに入るキャストの内訳と人生80年分のタイムキャストに入るキャストも一目で分かります。(図34参照)ただし、パスポートを読んだだけでは本来の運命プログラム、ライトマスターチャートが伝えている意味が全て分からないので解説セッションを受けていただくことになりました。

●M子さんのライトマスターチャート

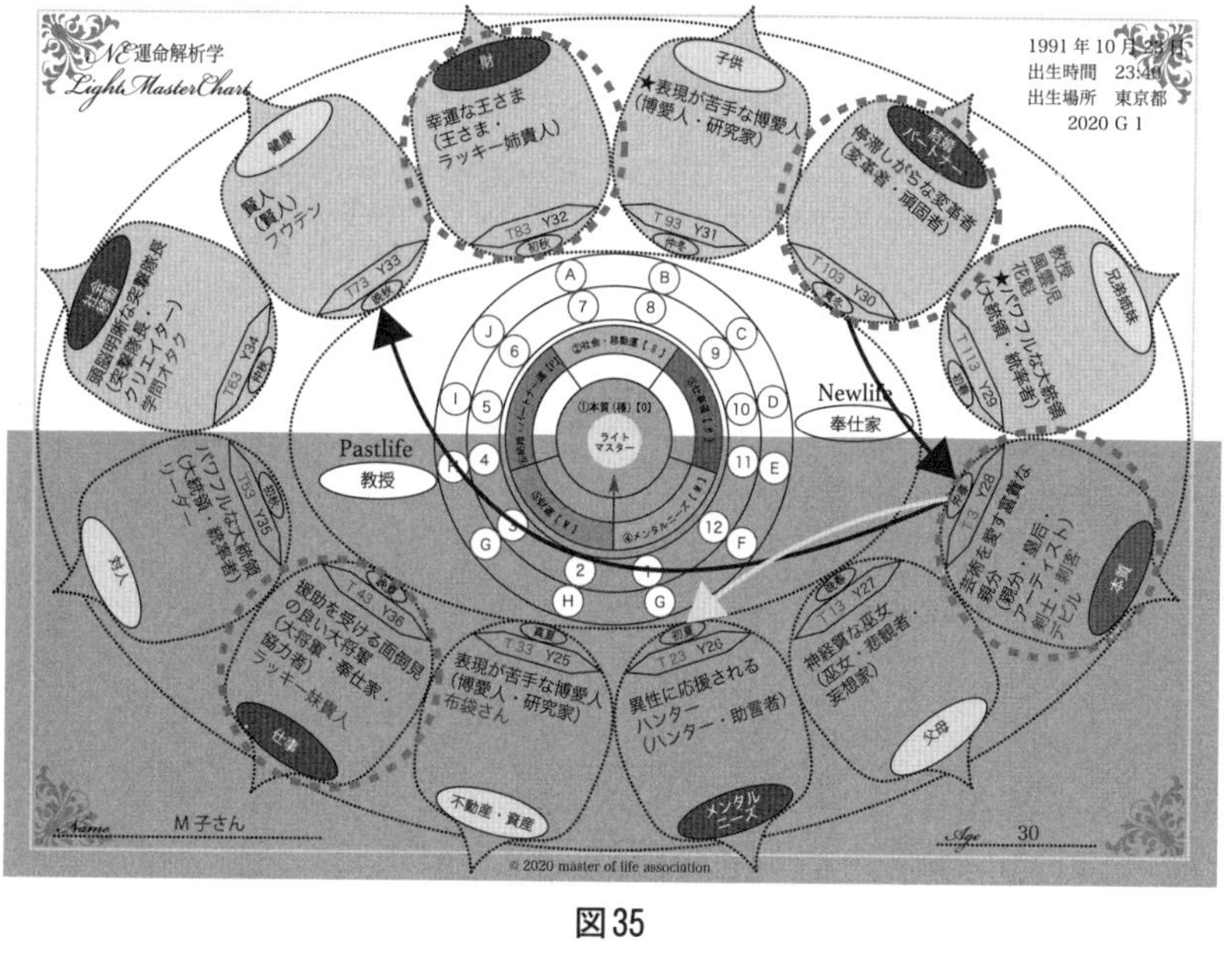

図35

図36　本質のキャストと内容

M子さんの本質の傾向が事細かに書かれています。Mさんのライフナビは本質なので、本質の特徴を理解してそれを生ききることで後の５つがついてきます。

❀ あなたの本質（種）人生傾向

［ 親分 ］

親分の基本的な性格

何ごとも白黒をハッキリつけたがり、いったん何かを始めたら、最後まで徹底的にやらないと気が済まないタイプです。ゴールを設定したら、とことん突き進んでいく意志の強さを持ち合わせています。行動を起こすのが早く、何ごともスピーディに片付けるのが得意です。集団のリーダーとしてまとめていく統率力もあるので、人の上に立ってものごとをどんどん進めていく力量があります。細かいことにはこだわらない親分気質のあなたは、良い仲間や後輩と出会うことで、才能をいかんなく発揮することができるでしょう。

❀ あなたが本来の親分として生きられない時の闇キャストとは？

［ 子分 ］

仕事でも遊びでも徹底的にやることを好むあなたは、いったん何かにのめり込み、周囲が見えなくなると、親分ではなく、子分のように、わがままで意固地になり、他人に対する気遣いを忘れがちです。何ごとにもバランス感覚を忘れず、ときには周囲の人の声に耳を傾ける謙虚さを忘れないようにしましょう。大胆な性格は異性から好かれますが、男女間のトラブルに巻き込まれないよう注意が必要です。

図37

その中でも特にあなたは・・・
芸術を愛す富貴な親分・剣士・刺客・デビル

聡明で博識、実行力に富み、人当たりも良いため組織のトップや権力のある高い地位に就く可能性があります。自分で何かをやっていこうと決め、独立しても事業家として成功する可能性が高いです。実力者や目上の人の引き立てもあり、発展し、思い通りの人生を送ることができます。人に従う立場ではあなたの良さが半減してしまいますが、上に立つことで才能が発揮されます。＊一見、人当たりが良いですが、中身は癖があり、頑固で、時に孤立・摩擦・事故・怪我の状況を生み出します。物事を決めると決断力にとみ機知に長けます。刃物を恐れず刀剣を使う能力があるため、料理人や理美容師、外科医といった職業や、トラブルを解消するような仕事、火や鉄、金属加工などの世界も向くでしょう。＊一見、人当たりが良いですが、中身は喜怒哀楽が激しく変わった個性の持ち主です。細部にこだわることは苦手で、大雑把にものごとを捉えます。意外性から人前で特に目立つ存在となります。内なる葛藤が多く、気分が変わるようなところがあり、短気でせっかちでもあります。孤独を好む面もあります。しかし、これらを乗り超えると、度胸が付き、冷静沈着な判断力を持ち、肝が据わってきます。＊こだわりが多く、視野が狭くなりがちで、やや固執的な傾向を持ちます。何かと困難や災難につきまとわれますが、突発的な災難に遭遇しても、それを乗り超えることで、かえって急激に成長し成功したりします。

図38　社会・移動のキャストと内容

社会・移動運とは…

NE運命解析学では、あなたは社会でどんな人々と関わりやすいのか、本質の才能を社会にどう現していけば良いのか、故郷から離れて活動した方が運が向くのか、向かないのか、外国に出た時に、危険なことに遭遇するのかしないのか、本質のキャストを内面とすると、他人にどのように見られる傾向にあるのかという、外面的な要素を社会・移動運で観ていきます。

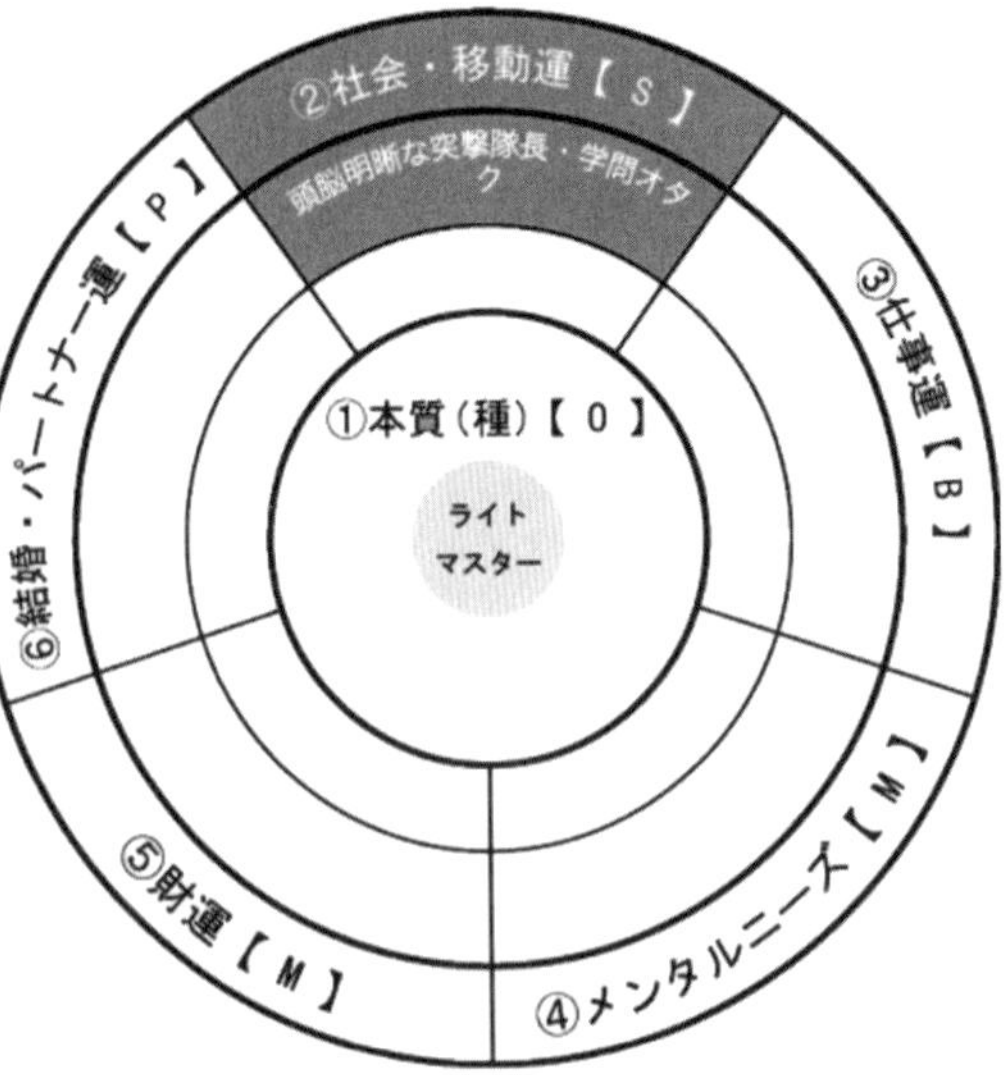

図39

社会・移動運に入るキャストで観る、あなたの社会運・移動運

頭脳明晰な突撃隊長・学問オタク

移動運… 生まれ故郷を離れることで持ち前の才能が発揮でき、人にも恵まれます。都市部や海外であれば更に良いでしょう。危険を顧みず動き回る傾向があるため、旅行や出張は、ケガや病気に若干注意が必要です。

社会運… あなたは、パワーがあり、独自性が強く拘束されることを嫌う人に見える傾向にあります。枠や型にはまらない、独自の発想力や視点を大いに活かし、自ら起業やビジネスをしていくことで発展していきます。ひとりであっても、忙しく動き回ることの中から、人にもツキにも恵まれて、チャンスや運をつかんでいきます。＊人から、知的で賢く勉強熱心に見られる傾向にあります。故郷を離れることで学習意欲や成長意欲が芽生え、才能が開花し、財や地位の向上があります。

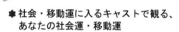

図40　仕事のキャストと内容

仕事運とは…

NE運命解析学では、あなたはどんな仕事に向いているのか、職業・職種・仕事のスタイル、組織型か独立型か、発展できるかできないかなどを観ていきます。ただし、これからは、雇われることのみが仕事ではなく、ひとりひとりが「自立」していく時代に突入します。仕事は自分の魂に則った道で、楽で楽しく、喜んで人に喜ばれることを「志事」にしていく時代となります。ここに書いているのは、そこを見出すステップです。

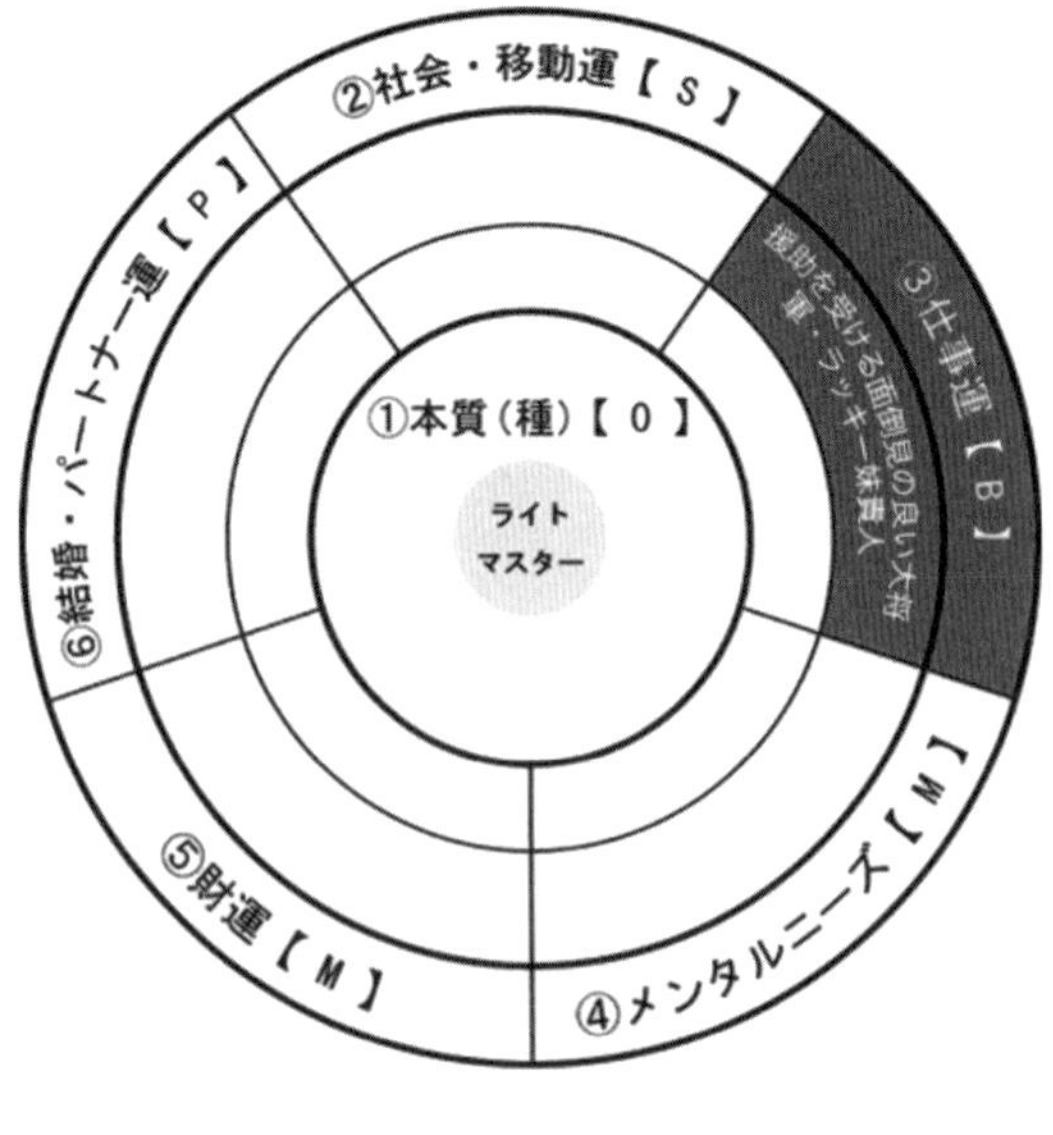

図41

❀仕事運に入るキャストで観る、あなたの仕事運

援助を受ける面倒見の良い大将軍・ラッキー妹貴人

組織、独立、実業、どちらでも向きます。行動範囲を広げアクティブに遠方に出るほうが、実力者や目上の人から援助を受けて、良い縁に恵まれ発展していきます。行動的で決断力を必要とする仕事に適し、社会を動かす職種にも向きます。管理や財務能力にも長けています。仕事中心の生活となります。経済界、金融関係、証券、商社、建設、運搬、運送、税務関連、法曹関連、不動産、警察、警備、スポーツ選手、教育関係、リーダー、マネージャー、医療、医薬、福祉、介護。＊組織、独立、実業どちらでも向きますが、何をやっても人に助けられることが多く、不思議と人の縁により発展していきます。自分のセルフイメージを高め、才能を磨き続けることで、より運が開花します。

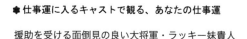

図42　メンタルニーズのキャストと内容

メンタルニーズとは…

NE運命解析学では、あなたの基本的な心の状態や、人生における精神的満足度などを観ていきます。あなたは精神的に満たされやすい人なのか、満たされにくいのか、更に心が満たされるものごとや、趣味、望む傾向、ストレスからの回復のコツなどを観ます。ただし、これからの時代は、人々の精神構造も変化します。「心が満たされる」ということは、どういうことなのか？お金や物があるから、人脈や家族がいるから、地位や名誉があるから満たされるのか？「自らの魂が満たされる」とはどういうことかを、心に問いかけ、深めるステップにしてください。

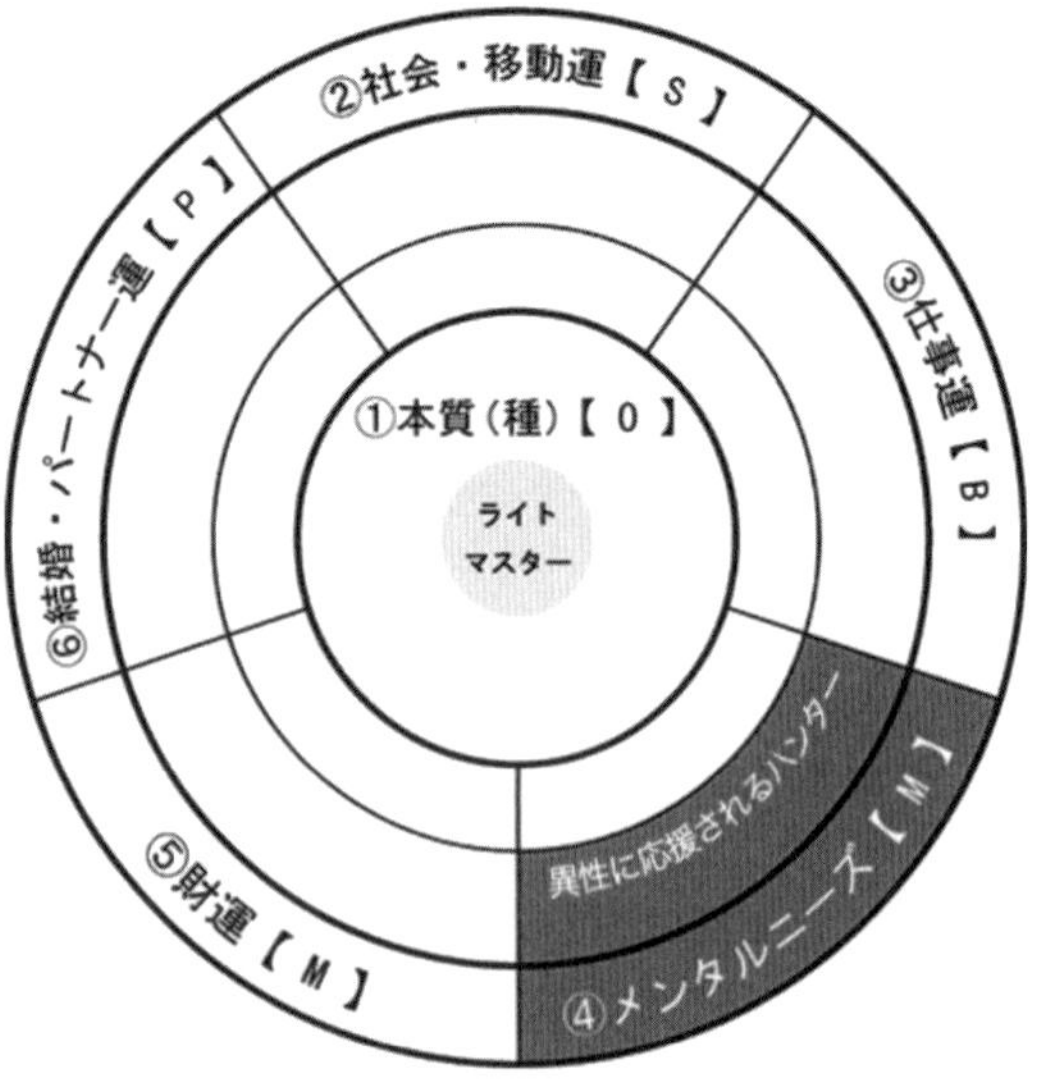

図43

❀メンタルニーズに入るキャストで観る、あなたのメンタルニーズ

異性に応援されるハンター

安定を求めつつも、刺激的で、欲望的なものやことを追い求め、動き回るため、なかなか精神的に落ち着きません。自分の意思や欲をストレートに生きる傾向が強く、楽しい所や異性の多い場所、飲食や娯楽の場所や機会を求めます。度を過ぎたお酒や異性関係には注意が必要です。自らの欲求が実益になる方向性に進むと、人にも援助され、実り多く充実した人生となるでしょう。

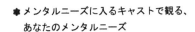

図44　財運のキャストと内容

財運とは…

NE運命解析学では、あなたの一生涯の財運はどうか、財運はあるのか、無いのか、どんな業界や世界がお金になるのか、いつ頃からやって来るのかなどを観ていきます。ただし、これからの時代の財運は、あなたが自分の本質や才能を理解して、価値として社会に提供し、人々の喜びのために循環させた分が、財としてあなたに廻るようになっていきます。継続的な財運や豊かさはスキルで得られるのではなく、人としての境涯が上がることで、廻るようになっていきます。

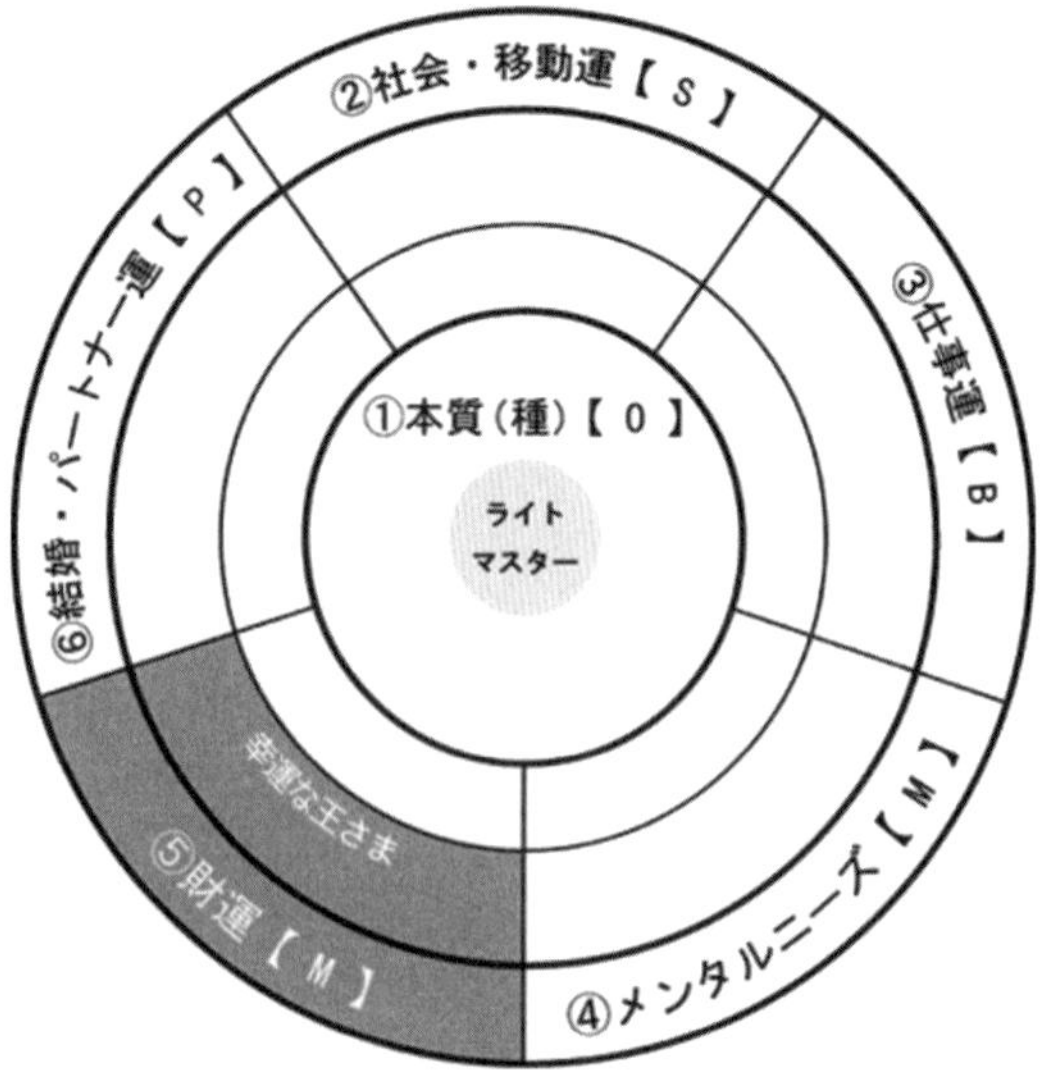

図45

❀財運に入るキャストで観る、あなたの財運

幸運な王さま

素晴らしい財運を持ちます。一生安定した財運に恵まれるでしょう。早くから目上の人や協力者に引き立てられていきます。独立しても組織においても財を成し、高級品や良質品といった物質的享受も得やすくなります。ただし、人や社会に貢献するという志を持ち、仕事をするとこや、人を教え導くことなども豊かさにつながるでしょう。社会的地位や名声があっての財運となるので、財は後からついてくる…ということもあります。

図46　結婚・パートナーのキャストと内容

結婚・パートナー運とは…

NE運命解析学では、あなたの結婚相手はどのような傾向を持つ人か、その人の恋愛の傾向、結婚向きなのか結婚には不向きなのか、相手との結婚後の関係性はどのようなものかを観ます。ただし、これからの時代は結婚の概念が変わります。「結婚は人生の選択の１つ」となりますが、パートナーはいた方が心豊かな人生になります。パートナーは、これからは異性でも同性でも、ペットでもロボットでも良いといわれます。心が通い合い、愛というテーマの元に、互いの魂の進化成長のために、磨きあう時間を共有できる相手となります。

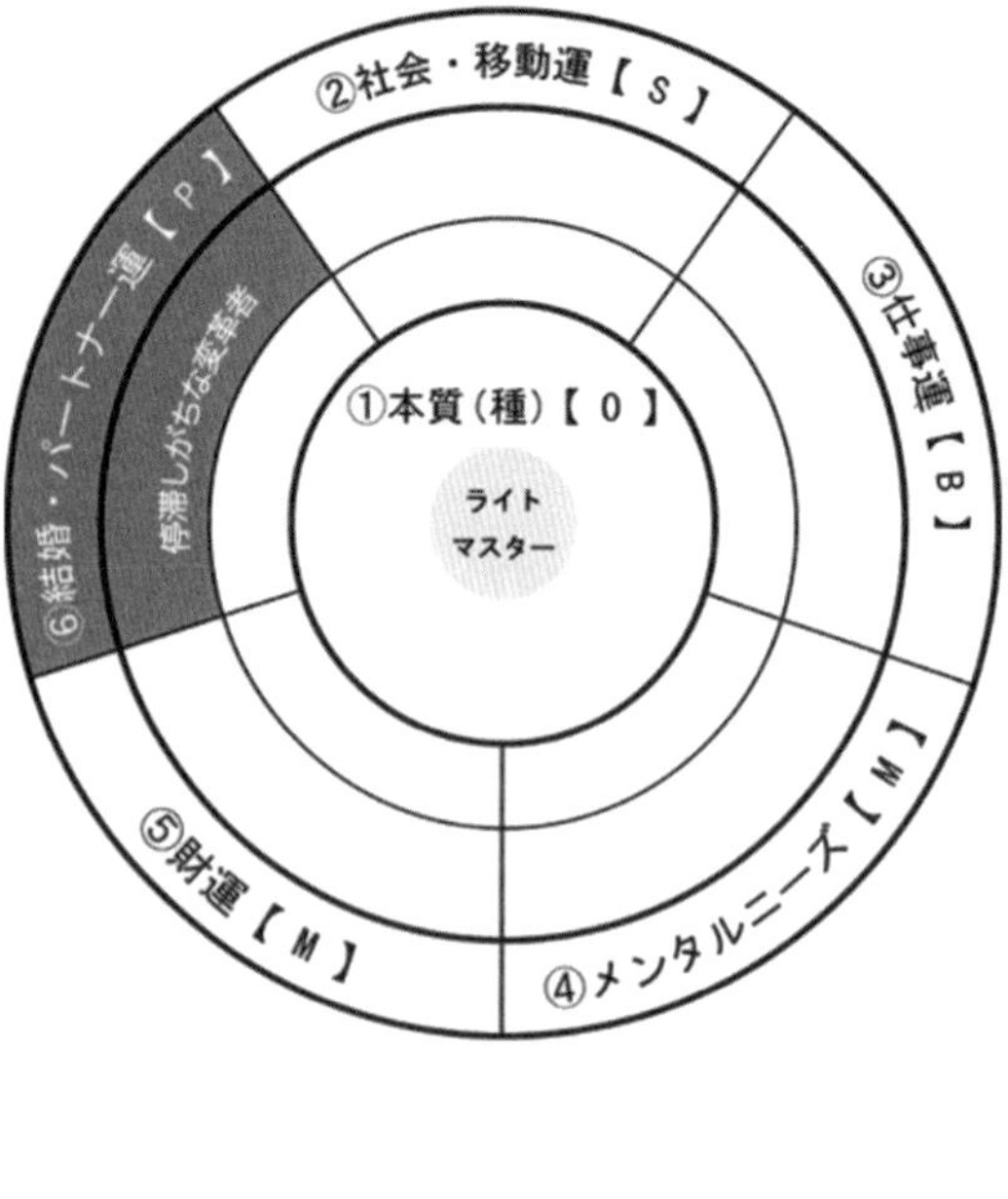

図47

結婚・パートナー運に入るキャストで観る、あなたの結婚・パートナー運

停滞しがちな変革者

結婚相手は反骨精神があり、プライドも高く孤高の人なので、人から束縛されたり関与されることを嫌います。相手の意見に耳を貸さず、媚もへつらいもしないので、あまり結婚には向きません。結婚しても苦労が多く、異性問題に悩まされることもあり、ケンカが絶えません。離婚、別居、死別の可能性があります。結婚生活を望むならば、あなたが相手をきちんと見極めることです。人生経験を積んで、寛容性を身につけた後の晩婚で、お互いにあまり干渉し合わない適度な距離感を保てると、難は少なくなるでしょう。そのためには、思いやりと努力が必要となってきます。

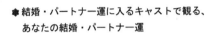

図48　人生80年分の傾向が書かれたタイムキャスト

◆あなたの10年ごとに影響しているタイムキャストと運の傾向、生き方の指針

3～12歳	芸術を愛す富貴な親分・剣士・刺客・デビル

親の影響が強い時・・・
この時期は思い通りの人生を送ることができる時です。自尊心が高くなり、自らの才能も発揮しやすくなります。また芸術的なセンスやクリエイティブな発想も磨かれます。組織にいれば、トップなど権力がある高い地位につく可能性があり、自ら何かを始めることも良い時期です。自分で目標を定め、「ものごとを成しとげていく！」と決め込むことで、大いに応援され、社会的にも成功し発展していく可能性が高くなるでしょう。＊この時期は、決断力や機知に富み、いろいろチャレンジしたくなる傾向にあります。時に思わぬハプニングや、事故、怪我、人との孤立、摩擦の状況に陥るようなこともありますが、そこから自己を振り返り、成長することで、ピンチをチャンスに変えていけます。それにより、今まで以上に飛躍する力も合わせ持つ時です。＊この時期、意外性から人前で特に目立つ存在となりますが、内的葛藤や闘争が起こりやすいかもしれません。短気でせっかちになりやすい反面、孤独を好む傾向にもなります。自己をしっかり見つめ、ひとたび自己変革が起これば、大いに飛躍します。＊何かと困難や災難につきまとわれますが、突発的な災難に遭遇しても、それを乗り超えることで、かえって急激に成長し成功していきます。

図49

※キャストの前に★がついている場合、キャストの影響は５～７割程度

13 ~ 22歳	神経質な巫女

表立った環境で活躍するよりも、内面の世界を重視しがちな時です。メランコリーな心境に陥りやすく、それを癒してくれる異性との縁も生じやすくなります。感性も強くなるため、必要以上に考えすぎて、神経質となり、時として、社会から逃避したくなるような衝動にかられがちです。神秘的なことや、宗教、精神世界などに答えを見出そうとするかもしれません。地に足をつけた生活を心がけましょう。感性を活かし内側から生み出すこと全般、音楽、文学、絵画、哲学、宗教、心理学、芸術、癒し分野、女性がキーワードとなることなどに、創造性を発揮すると良いでしょう。

図50

23～32歳 異性に応援されるハンター

自分のやりたいことに対して、素直に自由に突き進みたいと思うような時期です。そのエネルギーを押さえることなく、達成していくプロセスが、とても大事な学びの時となります。思ったら決断し、実行していくと時の運を活かせます。異性にも応援されやすい傾向となり、縁も多いのですが、度が過ぎるとトラブルになりやすくなります。移り気な傾向も出やすいので、目的や志を持って進むことで、運が拓かれ発展していきます。

図51

33～42歳	表現が苦手な博愛人・布袋さん

人のことを考え過ぎるせいか、なぜか自分をうまく表現できないと感じる傾向の時です。時に「一言多い」などの口が災いする傾向になりやすいので、注意が必要です。コミュニケーションスキルや心理学、精神的なこと等を学ぶことで、本来の人のために役立ちたいという思いが発揮しやすく、人との関わりもスムーズにいくでしょう。自分の得意なことを地道にコツコツ努力することで、大いに発展します。＊布袋さんというキャストが入ると、福徳厚いラッキーな時期を表し、衣食住に困るようなことはありません。

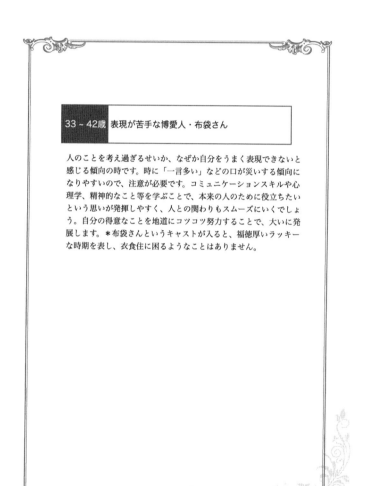

図52

43～52歳	援助を受ける面倒見の良い大将軍・ラッキー妹貴人

活動的な時期です。自ら独立しても、組織にいても剛毅な面と奉仕の精神が合わさり、真面目で仕事熱心となり、大いに発展していきます。人のことを親身になって考える力量も芽生えるため、人からも慕われ、また、援助も多く受けるようになり良好な人間関係が築けます。人を活かすことの中から大いに自分の運を上げていく時です。＊聡明で賢く威厳があり、名声を得ることができるようになります。友人知人も多く、異性からの援助も受けやすい時期となります。

図53

53～62歳	パワフルな大統領・リーダー

とてもパワフルな時期です。積極的にやりたいと思うことをやっていけば、願いは叶っていきます。強力なリーダーシップを発揮し、統率者としても人々をしっかりと導いていけるでしょう。ただ、パワーが強いため、ワンマンになりすぎないように心がける必要があります。それらを乗り超えた暁には、人望厚く、力強く世を照らす存在となるでしょう。海外にも縁がある時です。＊権力や地位、リーダーとして高い地位に恵まれる時です。中途半端なことが嫌いで、何をするにもしっかり筋を通します。時に善行を行い、人に教え諭すこともあります。結果、人々に慕われ、信頼されていきます。

図54

63～72歳	頭脳明晰な突撃隊長・学問オタク

この時期は、社会の枠にはまるよりも、持ち前の聡明さと独自な発想力を活かし、様々なことにチャレンジし、自由奔放に生きることを好む傾向となります。なかなか落ち着くことができない時でもありますが、積極的に動き回ったほうが運をつかみやすくなります。時に困難に遭遇しても、乗り越える力強さも兼ね備えているため、個性的で突き抜けた人生を生きることができます。＊非常に知的で聡明な時期。芸術、学術方面に優れた才能を発揮します。試験に強く、学習することで運が拓けます。ビジネスや官僚の世界に進んでも活躍することができます。

図55

73 ~ 82歳	賢人・フウテン

知的探究心旺盛で知識を獲得し、得た知恵を発揮したいという欲求が出てくる時です。特に、精神世界、哲学、宗教、自然科学、信仰、神秘学、占いなど、内面世界の探求に興味を持ちやすい傾向となります。それらの探求で、ものごとに深みが加わり、企画力や分析力に磨きがかかり、これを活かせると良いのですが、時に考えすぎて、人間関係に疲れ、宗教や精神世界、他、独自な世界にはまり、社会性に乏しくなることもあるので、現実とのバランスを心がけましょう。＊一か所になかなかとどまることができない傾向となります。逆に動き回ることで運をつかんでいきます。

●M子さんの悩みに対する総合的な解説

本質のキャストの「芸術を愛す富貴な親分」の意味は、聡明で博識、実行力に富み、人当たりも良いため組織のトップや権力のある高い地位に就く可能性があります。自分で何かをやっていこうと決め、独立しても事業家として成功する可能性が高いです。実力者や目上の人の引き立てもあり、発展し、思い通りの人生を送ることができます。人に従う立場ではあなたの良さが半減してしまいますが、上に立つことで才能が発揮されます。

このようにパスポートに書かれているように、女性でもこのキャストが入ると、頭も良く、非常にやり手です。組織や団体の長として采配を振るい大いに活躍できる人です。ただ、本質にはそれ以外の罪状キャストの剣士・刺客・デビルが入っています。罪状キャストが本質に入っている場合は、過去世からの罪状の持ち越しと観ますので、必ず、この罪状を昇華していく為の事象が、人生全般に出やすくなります。

それは、一見、問題なく人生が進んでいても、突如として、人から裏切られたり、困難や災難と思える事象に遭遇することを余儀なくされるのです。自分の中でも常に葛藤に苛まれ、視野が狭くなり、こだわりが強くなってしまいがちな傾向といえます。
ライフナビゲーションが本質に向かっている人なので、自分の良さも悪さもよく理解して、こだわりや視野狭窄になりがちな、罪状からの選択を繰り返さないことが、重要といえます。
不都合が起こった時に、自分だけが、なぜ、こんな思いをしなければいけないのといった認識ではなく、その不都合の中にこそ、今回、自分の魂が学ぶべきテーマや課題が内包されているのだと受け止め、人のせいにせず「全て自分事」としてひとつひとつ転換していくと、罪状は自分の使命を見出す糧となっていきます。

更に、本質のフィールドから布袋降臨、デビルアタックといった奥義を使って深掘って読むと、本質からメンタルニーズに布袋が降臨します。（図35参照）
メンタルニーズのキャストは「異性に応援されるハンター」なので、M子さんが精神的に満たされる傾向は、動き回る事で刺激的な事を追い求め自分の欲求、それをやり遂げていくことに喜びを感じます。かつ異性との交流や歓楽的で楽しいことも好きとなる為、多少恋愛好きの傾向も見られます。

そういった異性や人との楽しい交流の中から仕事や人生における、良き発想が生まれることもあり、自分が自分として生きると、更に多くの人と楽しく交流でき、やりたいことを成し遂げていくパワーとなっていくのです。

しかし、それがままならず、本質の罪状キャストがそれをセーブさせたり、自分が自分らしく生きられない闇キャストの子分のようになってしまうと、今度は、本質から健康にデビルがアタックするので、精神的に落ち込みやすく、それにより健康を害しやすい傾向となってしまいます。

M子さんのお悩みは、なかなか進まない結婚のこと。運命プログラム的にM子さんの結婚・パートナー運を観ると、入っているキャストは「停滞しがちな変革者」です。

残念ながら、結婚には向かないキャストが入っています。結婚しても苦労が多く、結婚相手の異性問題に悩まされることもありケンカが絶えず、離婚、別居、死別の可能性があるという相手を、無自覚に選んでしまう傾向です。

ここにもM子さんが今世、罪状をクリアする為に経験をしないといけない課題が隠れています。

更に、結婚の傾向を奥義で深く観ると、結婚のフィールドからデビルが本質にアタックしています。ということは、M子さんが選ぶ結婚相手の傾向は、常にM子さん自身を潰してしまう相手、というプログラムになっています。

２０１９年の段階でM子さんは数えの29歳。結婚したいと願う年頃です。プログラム的には数えの23歳くらいから恋愛モードに入りやすい時期になっていて、かつ、２０２０年や２０２１年は、より恋愛したい、結婚したいという時期に入るので、その思いは強くなることでしょう。

ただし、ご自分の結婚における傾向を理解せず、感情のまま突き進むと、本来、成すべき役割や天命が遠回りになってしまいます。M子さんは、今回の人生で公な立場で成すべき使命や天命をお持ちの方なのです。

それは、財や仕事のキャストが抜群に良いと言えるからです。財には「幸運な王さま」仕事には「援助を受ける面倒見の良い大将軍・ラッキー妹貴人」と、どちらも、早くから良き人に引き立てられ、人や社会に大きく貢献していくことが書かれています。

要するにM子さんは主婦になるようなタイプでもなければ、ひとりの男性の奥さんになるような、運命プログラムをお持ちではないのです。４つのコアもおっさんキャストです。

人や社会の為に、持っている本質の才能を大いに生かしていくことで、誇らしい人生が得られるという方なのです。

では、だからといって結婚できないのか…と聞かれれば、そんなことはないのですが、自ら結婚のイメージを変更せざるを得ないかもしれません。

まず、若いうちに自分で選ぶ人はハズレの傾向が多いと知った上で、どうしても早いうちに結婚したければ、目の肥えた周りの人から勧められた人と結婚することです。もしくは、自分が成すべき仕事をして人生の経験値も増した上で、ある程度の年齢に達した時、自然と隣にいて、支えてくれる人が出てきた時は、自分の選択で結婚しても良いかと思います。


M子さんは誰かを支えるというより、目的に向かい自らがリーダー的立場になって歩む人なので、それを支えてくれる人を見つけたほうが圧倒的に良いといえるでしょう。ライトマスターチャートの前世で培った形質を示すパストライフに「教授」と書かれています。人に何かを教えることは前世で培ってきているので得意なはずです。それを存分に生かして、人や社会が良くなるように、教え導くリーダーでありながら、今世で、学びたいテーマとしてニューライフには「奉仕家」とあるので奉仕家の要素を培いたいと魂は望んでいるといえます。

●魂と繋がり、天命で生きるためには

天命とは、ひとりひとりにあるものです。それは大業を成す天命の人もいれば、ありきたりでささやかなものである人もいます。しかし、残念ながら、天命は簡単に分かるものではありません。また、誰かに安易に教えられるものでもないのです。自ら、気づき自覚していくものなのです。そこに至るには段階があります。

精神世界やスピリチュアル好きの人の中には「天命さえ分かれば自分の人生は上手くいくのに…」と思ってしまっている人もいます。他にもこの大転換していく過渡期に生まれた意味が理解できず、ワクワクドキドキすることを見つければ、人生が良くなると思っていたり、天命に通じると思っている人もいるようです。

ワクワクドキドキを満たすという言葉は、幼い認識の人が鵜呑みにすると、ただのカルマ的なエゴを満たすだけの欲求を求めていることもあり、自分の中でそれを見極められないと、エゴを満たすことをワクワクドキドキだと思い込み追い求めます。

時々その思いが満たされたとしても、エゴは留まるところを知りません。一瞬で霧のように消えさり、また、それを求めて彷徨人になってしまいます。

天命とはそんな一瞬で消え去るような思いのものではありません。自分が気づき自覚したヴィジョンや志したものを今世、成そうとしたら、何においても動じることなく、たとえ一人になっても、宇宙に還るその日まで前に進む、とする強い基盤を持つものといえます。

宇宙はその覚悟ができた人にしか、天命や使命を開示することはしないものです。その前段階で今の過渡期の時代に生まれた魂の目的の最優先順位は、魂の罪状（カルマ）を軽くし、浄化、昇華し、魂の位置を少しでも上げていくことなのです。

それは、フワフワした安易なことではなく、基本は今、ここにある目の前のことから全てが始まります。

常に今、目の前にあることをきちんと完了していくことからなのです。

今、この目の前にあることが魂のレベルアップのエクササイズの環境なのです。嫌な出来事を見ないことでも、誤魔化すことでもなく、きちんと現実の中で起こることを直視して受け止め、受け入れ、そこから学び、気づきを得て、昇華していくことなのです。

天命を見いだし誇らしく生きる、人生が良くなる、運が良くなるということは、結局、日々の中で目の前のことが面倒であろうと、やりたくないことであろうと、どれだけコツコツとあきらめずに創意工夫を凝らしやりきったのか、そのプロセスの中でいつしか自分が好きなことや、やりたいことだけをやって生きていけるようになる土台や器、仕組みができあがるのです。自分の魂的な器を大きくし位置を上げるには、目の前にある環境の中で培われるものです。仕事場や家庭、あらゆる環境の半径５メートルの中で、どういう在り方をしているのか、そこで思うことや考えることの行為行動が、自分の内なる世界であり器であり位置です。

よくたとえるのは、コピー取り１００枚もろくにできないＯＬが「こんなのは、私の仕事ではない、私の天命が分かれば、自分の人生はもっと良くなるはず」と思っていたとしたら、それは、大間違いなのです。

天命や使命を見出す人の多くは、目の前にあることから逃げることもなく、愚直に淡々と創意工夫し、やり切る胆力と持続力を持っているものです。起こる物事を人のせいにせず、日々、目の前のことから、逃げることなく学び、うまくいかない事でも、自ら問いかけ、祈りの中で気づき、やり切る力を得た人なのです。

宇宙は、天命を生きられるだけの準備ができたと思える人から、大転換時代の地球に生まれた役割や天命、生き方や方向性を、日常の気づきの中で与えてくれるのです。

●自分の位置を上げる

運命をレベルアップする為にＮＥ運命解析学においては人生における位置を上げることを重要としています。位置というのは進化度であり、自由度を指します。同じキャストでも位置が違えば運はまるで違ってきてしまいます。図46を見てください。

50階建てのビルの同じポイントに人が立っているとします。ビルのどの階数にいるかによって見える世界はまるで違います。見える世界というのが、その人の心の世界であり、引き寄せる環境です。

一番下の地下1階にいる人は窓の外は地下なので何も見えません。この状況の位置にいる人は、人生は悩み事だらけ、解決策も何も見えない、分からないので、とにかく人に依存して地下1階を右往左往しまくります。故に自分自身の位置は上がりません。

その中で人からアドバイスされたことに対して、自ら行動し、逃げずに罪状を少しでも突破すると、ようやく1階の位置へと上がれます。地下1階にいた時よりも認識できる世界が広がるので悩みは解決し、少し楽になります。

しかし、目線の先に家があれば、その先はまた何も見えなくなります。その状況が、自分の

図56　【自由度＝位置・視点の高さ】

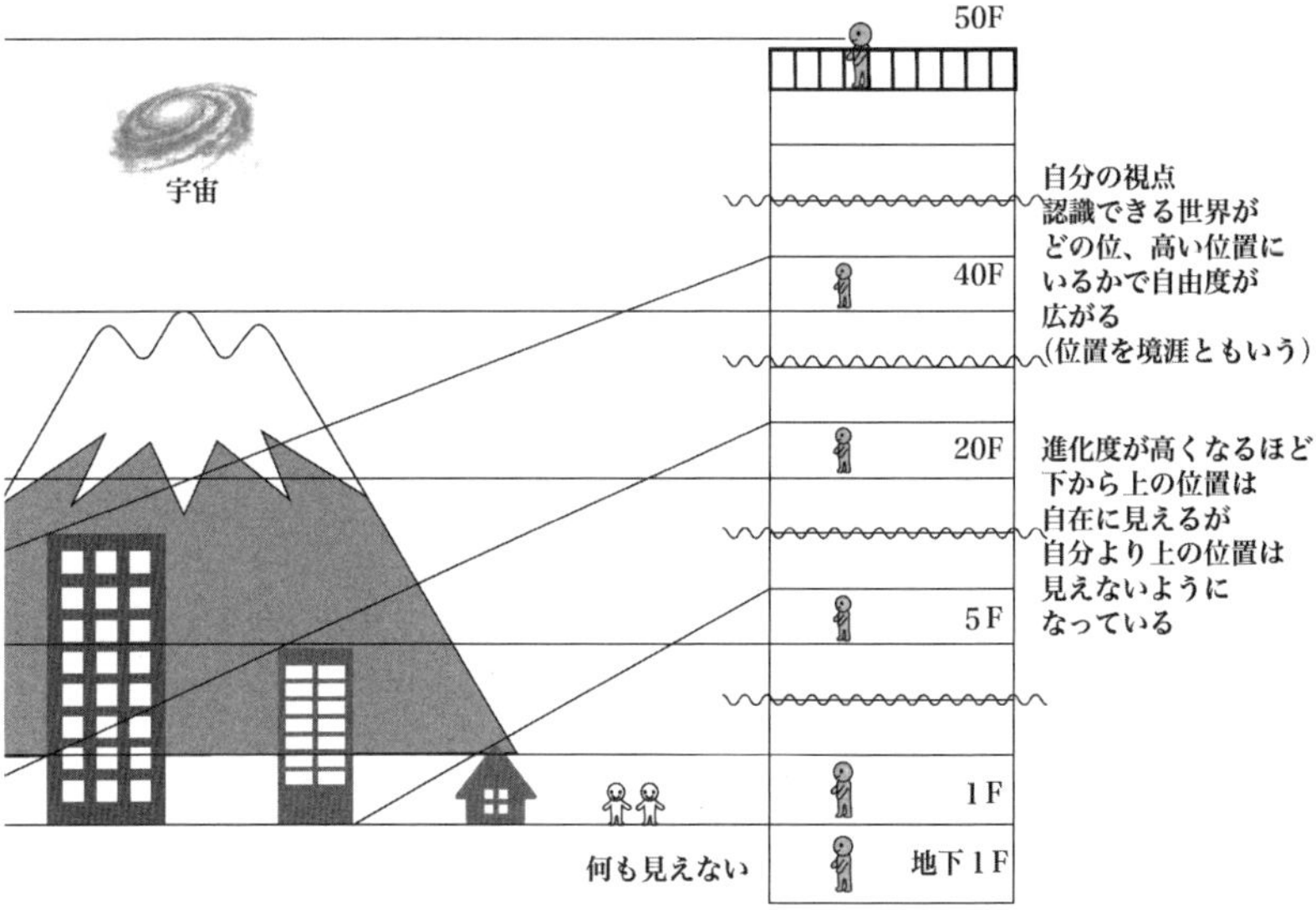

次なる罪状が噴き出て目の前に現れるということになります。そこで、多少右往左往しても、色々学びながら人のせいにすることなく行動していくと、問題が解決できます。すると、また上の階に位置がレベルアップするのです。

こういうことを繰り返し、いつしか20階の位置まで行くと、今まで問題と思っていたことは何一つ問題ではなく、下を観ればすべて解決策が見えるようになるのです。

しかし20階でも隣に高いビルがあれば、そこから先は見えないので、また罪状の課題が出てきますが、もう、どうすればいいかコツが分かっているので、差して右往左往することもなく、その事象から学び自分がレベルアップする選択をしていけるようになります。

上に行けば行くほど、見える世界や視野は広がり、問題解決能力も高まってきます。それでもまだ、ビルの中にいれば窓のある方角の世界だけしか見えませんが、50階の屋上の位置に立てば、３６０度全ての世界が見えてきます。宇宙の仕組みまで分かる位置に行き着くことができます。そこは、何のこだわりも、とらわれもなく、絶対的な自由度を得られる世界。

上の階の位置からは下の階の位置の人々のことはよく見えるのですが、下の位置にいると上の階の位置にいる人のことはまるで理解ができないといえます。下の位置にいる人はそこに気づかないので、自分とは違う人や理解できない人のことに文句を言ったり、不平を言ったり攻撃することも多いのです。

世界の人々が、皆自分と同じ位置だと思わないことです。そして違う位置で、ものを俯瞰して観ている人もたくさんいると理解することが大事です。

位置という認識を理解した時、今の自分の位置はどこで、いずれはどういう位置に行きたいのかを明確にして、生きたい位置の理想をゴールにするといいかもしれません。もし、その視点から物事を見れたら、どう自分の世界は変わるのか…という思いを持って行動するだけでも、自由度の高い、上の位置に上がれるコツは得られやすいといえそうです。位置のことを仏教では「魂の境涯」ともいうのです。

●位置を上げるためのポイント

私は、位置の概念をいろいろな例えを使ってお話しします。位置を上げるためには更に、どのように自分自身を振り返り認識すればいいのか、ポイントとなる概念をお話しします。ここでは5つの位置を例にあげます。普段の自分はどこの位置なのかを意識してみてください。

「我」「私」「公」「輪《りん》」「侖《ろん》」

「我」…自分のことしか考えられない自己中の位置。

「私」…自分と誰か、せいぜい恋人や家族のことだけは考えられる位置。

「公」…夜の時代の社会や会社、その位置から全体が良くなることを考える位置。

「輪《りん》」…新しい昼の時代の生き方や未来の社会創造から全体が良くなることを考えられる位置。

「侖《ろん》」…人類・地球・宇宙・魂・次元・永遠性といった宇宙法則から物事を考えられる位置。

これまでの夜の時代は自分のことしか考えていない「我」の自己中の位置か、せいぜい「私」の位置に多くの人々はいました。夜の時代は、ある意味、自己中で欲を持たなければよりよく生きられないことのほうが多かったのです。

人に善きことばかりしていると、相手に奪われ、騙され、正直者はバカを見るという法則が働いていたこともあったのです。下手に人や社会のことを考え、正義で行動を起こすようなことをすると、空間上でパトロールしている鬼に察知され、御用！　となって潰されていくような時代だったので夜の時代は、自己中でも致し方なかったのです。

しかし、これからの昼の時代は高度精心文明です。

地球規模で人類全体の精神的、霊的な位置が上がっていくことを促されていく時代です。精心的、霊的に進化していく人しか地球は残さない、と決めてしまっているのです。つまり、自分のことしか考えない人は、昼の時代の環境には適合できず生き残れなくなってくるということです。

今は、昔に比べると人々の興味と関心は精神的なことに傾いてきてはいるようですが、情報化社会ゆえに、簡単に情報や知識だけに触れて「命《ろん》」の位置の、魂や宇宙、次元という言葉を情報として聞きかじり、分かったつもりになっている人も大勢います。

しかし、その人の位置は「我」の位置や「私」の位置に留まっていることに気づかず、知識だけが増えて、位置が低い為に現実の問題は山積みという人も多いと感じます。宇宙人生理論では、抽象度の高い宇宙の法則や魂のことが理解できるなら、現実の目の前の問題解決能力も等しく高くなるので、「抽象度＝具象度」と伝えています。

現実をなおざりにして、精神的なことにばかり陶酔していくと貧乏になり、欲得やお金、地位や名誉ばかり追いかけていると、人間関係に問題が出たり、精神的に破綻をきたす傾向が強くなるとも言われています。

ＮＥ運命解析学の中でもよく例えるのは、同じ「王様」というキャストでも、自分のことしか考えない「我」の位置にいる「王様」と、人類や地球のことまで考えられる「侖《ろん》」の位置にいる「王様」もいるということです。

まずは、自分はどの位置にいるのかを冷静に受け止め把握すれば、次に目指す位置も明確になります。ＮＥ運命解析学が目指すキャストは、自分のキャストにとどまらず、ライトマスター、ライトチルドレンと高い位置にいる進化した人類のキャストです。

●エネルギーを消耗しない生き方

「侖《ろん》」の位置から日常を生きている人というのはエネルギーがある人といえます。逆に低い位置に留まってしまう人というのは日常の中で、エネルギーを常に消耗して生きています。たとえ、「輪《りん》」や「侖《ろん》」のことを現状に落とし込みたいと思っても、常に人の目が気になり、人との比較、家族のこと、お金のこと、将来のことといった余計なことを考えすぎてしまうと、自分自身とはまるで繋がらず、周囲に振り回されエネルギーを消耗させてしまうのです。

余計なことを気にしすぎなければ、自分自身と繋がるので、常に魂からの気づきや信号をキャッチできます。そうなると魂やサポーターズの信号をダウンロードしている状態といえるので心配や不安にはならないのです。

エネルギーが消耗し少ないと、その受信ルートが開かれず、常に過去の記憶を引っ張り出して感情ベースで考えるルートに脳が切り替えてしまうのです。そしてグルグルして余計にエネルギーを落としてしまいます。そういう時は、いくら考えても、何をやっても空回りしていくだけなので、まずは開き直ってよく寝てください。

人間は基本的に、食べて寝て排泄するとエネルギーが回復するようになっているのです。まずは、そこがベースです。その後に次に記す9項目を意識してみてください。

①人生の中で、未解決、未完了、未達成のことを完了させていく

物事を先延ばしにしない癖をつけることです。先延ばしにしていることは意識で忘れていても無自覚では常に記憶しています、人は完了させていくことや、何かを達成することでエネルギーが満たされるようになっているのですが、それがいつまでも放置状態だと無意識レベルで常に、気になっていてエネルギーが引きずられ落ちるので、ここぞという時にはやる気も気力

もでなくなってしまうのです。

②自分にした約束は守るように実行する

自分との約束が守れないと、セルフイメージも落ち、自分はやれるという自己効力感も培われません。他人との約束も大事ですが、自分にした約束を守れる人は、無意識レベルで自分は自分を裏切らないという、自分に対する信頼と自信が構築されてきます。自信がない人は、些細なことからでもいいので自分との約束を守るようにすると自信がついてきます。

③コントロールできないことは考えない

天気や人は、コントロールできません。コントロールできないことを考えても無駄だということです。

④他人との比較をやめる

他人との比較が最もエネルギーを落とします。他人と比較して自分より、できる、できない、ということを測るのではなく、昨日の自分と、今日の自分はどうだったのかを考えることです。

⑤自分の認知のゆがみ、思い込みを事あるごとに確かめる

人生は、思い込みでできている、と言いますが、人は位置により認知のゆがみが大きい人もいます。これからの時代は「確認」することがコミュニケーション能力とでもいうほど重要です。今までの一方向性社会であれば、皆同じように思うので、AといえばAが、そこそこ通用しましたが、これからは、全方向性社会へと変わっていく為、使う言語はAでもその中身や意図が全く違ったZだったということも多分にあるのです。勝手な自己完結で終わらせないためにも確認することは重要です。

⑥他人や、世の中の常識にばかり気を遣わないこと

常識とは、これから無くなっていくものです。あってないようなものだと思ったほうが良いです。

⑦世間の余計なものと繋がらず、自分の魂と繋がること

自分の魂と繋がる時代ですので、余計なもの、人、集団と繋がれば振り回されてエネルギーを落とすだけです。一人でいる時間を大事にしましょう。

⑧先のことの心配より、今の目の前のできることに全力を尽くす

多くの人が、先のことを考え過ぎてエネルギーを落としています。特に1年先のことを考えれば人間は自動的に不安モードに切り替わってしまうのです。すると今、ここにいられなくなり、行動するエネルギーも消えていきます。結果、今、目の前のことに手が付かず、現実的に何も行動できず、ただ時が過ぎるので、また不安になりグルグルします。まずは、目の前のことに集中し、全力を尽くすことです。

⑨高い次元と繋がる祈り力を定着させる

自分の「我」や「私」のことだけでなく、人や社会、世界の平和や、利他的なことまで祈れるマインドを持っておくと、サポーターズにも応援されやすく魂とも繋がりやすくなります。何もできないと思っていても、祈る力を定着させることは大事です。

●恵財的に裕福になる方法

人生の中で、お金の不安があれば、どうしてもエネルギーは落ちがちです。しかし、夜の時代の経済も昼の時代の恵財も、どちらも廻らせる人というのは、お金が無くても、あっても行

動する人です。お金がないから行動できないというのは言い訳に過ぎないことが多く、お金がないから行動しないという人は、お金があっても結局、行動できないものです。

昼の時代の「恵財」と夜の時代の「経済」は違います。昼の時代の「恵財」は、嵐バージョンの仕組みです。今までのトップダウン構造の中の、自分の労力と時間を売るのではなく、自分の才能や強みを発揮して、いつ何時、どこから入ってくるかは分かりませんが、必ず必要なものは廻るという、そういう新しい時代の自立におけるお金の循環のことを「恵財」と言います。それを得られる方法を記しておきます。

①何が起きても、すべて自分にとって必要で、善き事と思考し生きる

魂の罪状を昇華する基本的な認識であり、宇宙法則です。

②常識や過去のデータにこだわらず、自らの知恵で生きること

知恵というのは、知識を得て、行動して、失敗も成功も経験する中で、初めて自分に機能する知恵になります。知識は１００人いれば皆、同じものでも、知恵は人によって全部、違います。

③心で問いかけて、環境の動きをよく観察すること（ミラクルコード）

ミラクルコードとは、昼の時代の魂の方向性を指し示すサポーターズが出すサインや事象のことを言います。自分の問いかけに対して、サポーターズは、環境や他人の口を使って教えてくれるのです。

④自分にとって不要な記憶、学習をしないこと

これから暗記は必要ありません。ネットやＡＩやロボットにお任せです。

⑤睡眠時間を、昼寝も合わせて8〜9時間以上取ること

始めの2時間で、精神的なストレスの解消。次の2時間で、肉体的な疲労の解消、次の2時間は、人間関係のストレスの解消。そして最後の2時間で、経済的な目詰まりが取れると言われています。多くの人はお金の為に寝る事も惜しんで働きますが、経済の目詰まりが取れるのは8時間寝た時となるのです。

⑥古いもの、不要なものは捨て、身辺を奇麗にしておくこと

新たな情報や廻りを得るには、心のスペースを作ることと同時に物理的な環境においてもス

ペースを作ることは大事です。

⑦今、目の前にあることから逃げず、きちんと終了完了させていくこと

エネルギーを消耗しない生き方の①参照。

⑧現状の中で、自分がやれること、自分を磨けること、喜ばれることを行う

自分の為だけにがんばろうとしても人は力が出ません。自分以外にも誰かが喜ぶことの為だと、力も出て、かつ継続もしやすいです。

⑨金儲けやお給料にとらわれるのみで働かないこと

今、それをしなければどうしようもない現状ならば、それはしっかりやることですが、そこまではないのに、動機が常にお金の為だけというのは、自分の魂の目的を見いだせず、心が満たされないので、入ったお給料は散財してしまいかねません。

⑩借金をしないこと（クレジットカードも借金）

クレジットカードは、夜の時代の貧乏を作る仕組みです。ただし、引き落とされる額の３倍

が残高としてある場合は、使っても良いと言われています。

⑪何かを買う時は、必ず、先払いか、代金引換で支払うこと

後払いで10日以上過ぎると、支払額より桁が増えた額の請求書が巡ると言われています。なるべく、お金を払う際は、自分が先に循環しておいたほうが恵財は廻ります。

⑫いい格好をしようとしたり、見栄や体裁でお金を使わないこと

人との優劣、比較のため、見栄や慾、好酔は落としていくということです。

⑬共に同じ方向性を持つ人と関わる事

人の進化成長に一番影響を及ぼすのは、環境です。どういう環境に縁をするかが大事です。方向性が同じテーブル同士なら、進化の成長スピードは加速しますが、違うテーブルの人と関わると、人が良い悪いに関係なく互いにエネルギーを消耗し、トラブルが生じやすくなります。

⑭他人のマネをしないこと

昔は他人の真似をしたほうが良かったのですが、これからは我が道を行くことが良くなりま

す。

⑮利益だけを追い求めて、バタバタせずに、本当に自分がやるべきことを問い、ＹＥＳと思ったら、全身全霊でやりきる

⑯古いもの、不要なもの、使わないものはリサイクルする

古いものがあると新しい信号や情報が入ってこないからです。

⑰自分の心を直視して、自分に正直に、自分を大事にして生きること

自分を大事にするということは、魂の思いを大事にするということです。決して、怠慢になるということではありません。嫌なことでも直視しなければいけないところは直視し、自分の魂のレベルアップの為に、まず行動することです。

⑱食事時間を守ること（起床して30分以内に食事を始める事）

それにより霊的な空腸から、その日の恵財を得る為の情報をかき集めると言います。

⑲利益のないこと、赤字の出る行動をしないこと

1円でも利益が出るということは、先に循環を起こしていることなので、本来、その人がやるべきことをやっているのだと捉えます。ですから、一生懸命にやって、全く利益が出ないとなると、本来それは、やるべきことではない可能性があります。

⑳団体行動、集団行動、群衆行動はできるだけしないこと

集団になって行動するというのは一方向性社会における夜の時代の特徴ともいえます。集団になれば、その他大勢の人の気を受けるので、自分本来の意図や思いが分かりにくくなるのです。昼の時代は全方向性社会の中で我が道を見出していく時代です。

その為には、できるだけひとりの時間を多く持つようにしたり、ひとりで行動することを選択するほうが、自分の魂の信号をキャッチしやすくなるといえるのです。

●その他、位置を上げ運命をレベルアップするもの

①タイムリープメソッド

運命をレベルアップさせる具体的なメソッドとして2015年の春に私に降り、約15分で概

要を作り上げました。その年以降から時空は創造性の空間に色濃く入ったようでした。こういったワークは今まで以上に運命のレベルアップに機能するとのことで作り上げました。自分のパスポートと照らし合わせることで、今ここに、いながら、過去の課題を終わらせ、今、起こる事の意味を理解し、レベルアップした未来へとシフトする為の、５ステップからなるワークです。この本では詳細は扱えませんでしたが、いずれ、詳細をお伝えしようと思います。

②龠幸輪《やっこうりん》

大宇宙のプログラムから微細なミクロの微生物、人間の人生に関わる全てを研究した、亡きマスターが、これからの大転換時代を難なく生きられるように遺した、細胞レベルから、潜在意識、エネルギー体、魂領域におけるゴミを取り、人生全般を良くするための道具といえます。

「ゴミ」とは何かというと、より良い人生と進化を阻む要因となるものの総称です。

夜の時代の先祖の信号からくる感情、環境の中に浮遊している人の気や邪気、過去世や家系の因縁因果による諸々想念、観念、エゴ、罪状、負のエネルギーを宿した言葉、電磁、霊、ウイルス、微生物、ｅｔｃとなります。

これらのゴミは、魂領域から霊、霊体エネルギー体、人間を形成する肉体、心、脳、細胞に至る領域まで付着し憑依し、混合していく場合もあるものです。

そして、諸々のゴミの累積が人の感情や思考に影響し、人生を狂わす要因として考えられています。

以前「欲望を抑えられず」に強姦致傷容疑で逮捕された芸能人がいましたが、ああいう行為におよんでしまうということも魂の因縁因果からくるゴミのせいでもあり、空間に漂う同じような想念を持つゴミと共鳴したといえるのでしょう。感情のコントロールが不能というようなことはほぼ、ゴミの憑依で起こるのです。

人間の愚行や感情、思考は、自分の頭だけで考えたもののみで起こるようなものではありません。その辺の認識が理解出来てくると日常においても、何に注意すればいいかが分かるようになってきます。

肉体に付いたゴミはお風呂に入るときれいになりますが、魂領域やエネルギー体に付着した因縁因果のゴミや先祖の信号といった、新たな時代において不要なゴミは、お風呂に入った程度では取れません。それらを取って行く類稀な道具が、倫幸輪というものです。

あとがき

長いこと、ただひたすら愚直に、この時代に生まれた魂の目的や、新たな時代へと世界が変わりはじめていることをお伝えしてきました。

多くの方々の運命プログラム、ライトマスターチャートを観ると、個々における魂の方向性や目的は違っていても、この地球に生まれたということは、本来、どの魂においても目的はひとつ。霊的進化、魂のレベルアップを促されていることには他なりません。

それは、言うなれば、自分が自分を救える位置に、魂をアップグレードさせることといえます。夜の時代はそれを得る為の情報の多くは封印され閉ざされていた為、困難なことでした。しかし、夜から昼の時代への過渡期、黎明期である今は、それを求めれば与えられるという時代に突入しています。

ただし、ここで、大事になるのは、それを求めようとするのであれば、今までのしあわせに対する価値観や認識は１８０度、変わらざるを得ないことの方が多いということです。今までの時代の認識やものごとを、測る尺度では、これからの時代に自分を救うことも新たな時代に宇宙に生かされ、より良く生きることも、できにくくなります。

昼の時代は、進化した大人の魂の時代です。

夜の時代は子供の魂の時代だったといえます。例えて言うなら、幼稚園の砂場の中で、お山の大将と、いじめられっこと傍観者が混在していた世界だったともいえます。もう、幼稚園の砂場から人類は卒業しないといけないのです。

幼稚園の砂場の世界で染み込んでしまった当たり前と思っていた価値観や常識、尺度、個々における反応、パターンを、機能しないものと自覚して、転換し手放していけるのか、そこに魂がレベルアップするウエイトがかかってくると言えそうです。

宇宙人生理論のことを明かしたこの本では、夜の時代という幼い砂場の世界の傾向やルールと、新たな砂場から卒業した昼の時代の世界の傾向やルールの概要を多少は知ることができたかもしれません。そしてＮＥ運命解析学では、生まれる前に自ら描いてきた、運命の傾向や方向性を、知る術があるということを知ることができたかと思います。

しかし、これらは、この時代を選んで生まれた魂の、果てしない目的における、ほんの、きっかけファーストステップに過ぎないものです。

これまで幾度となく同じ繰り返しのパターンを転生輪廻してきている魂が、レベルアップをするということは、情報や知識を知っただけで、そう簡単にできるものではないからです。ひとりひとりの罪状昇華や天命を生きることや、自分らしく生きること、更には絶対的な自由を得て生きようとするならば、知識や情報を知ったその後の、日々の中での在り方こそが大事になります。かつ、どれだけ昼の時代の生き方、自立に向け、覚悟ができるかなのです。魂のレベルアップの目的のために、罪状のパターンに引きずられず、日々、何を選択し、誰と関わり、どう行為、行動し、得た結果に対して、どう、受け止め、問いかけ、気づき、また、何を再選択していくのかの繰り返しになります。

その中で、常に自分の内を観つめ、身口意を一致させ、やると決めたことには全力を尽くし、祈りと感謝を忘れず、焦らず、たゆまず、あきらめず、目の前にある、今、できることをコツコツと淡々とやり切っていく。

その在り方を宇宙やサポーターズは必ず観ていて、応援してくれるようになります。するといつしか、人の目や余計な外部に対する慾は落ち、自分の魂の信号と繋がりはじめます。そうなるとエネルギーは高まり、必要なものやことや、環境は与えられ、多少のことでは、動じない心も芽生えてきます。こうして一段一段、魂のレベルアップの階段を上ることになるのです。

この大転換時代を選んで生まれた人々が、この本を読まれ、少しでも魂の目的に気づき、罪状を昇華し、伸ばし所を磨き、自分の価値として、新たな昼の時代の人や社会に提供することで、自由に、豊かに、誇らしく、創造的な人生を歩んでいかれることを願ってやみません。

「本当の自分へのパスポート」「ライトコンパス無料体験版」はマスターオブライフ協会ＨＰからお申込みできます。

一般社団法人マスターオブライフ協会ＨＰ
https://ne-masteroflife.com/
マスターオブライフＴＶ（ＹｏｕＴｕｂｅ）
https://bit.ly/2xpSvgM
天河りえ　新たな時代の生き方ブログ
https://amekawarie.com/

付録　307全てのキャスト名

1	王さま
2	芸術を愛す王さま
3	協力者の多い王さま
4	幸運な王さま
5	財運に恵まれる王さま
6	考えすぎる王さま
7	停滞しがちな王さま
8	気性の激しい王さま
9	アバウトな王さま
10	芸術を愛すアバウトな王さま
11	援助されるアバウトな王さま
12	幸運でアバウトな王さま
13	財運に恵まれるアバウトな王さま
14	悩みグセのあるアバウトな王さま
15	停滞しがちなアバウトな王さま
16	気性の激しいアバウトな王さま
17	ハンターの王さま
18	芸術性のあるハンターの王さま
19	恋多きハンターの王さま
20	異性にもてるハンターの王さま
21	物欲旺盛なハンターの王さま
22	恋の悩み多きハンターの王さま
23	波乱が起きやすいハンターの王さま
24	面倒見が良い王さま
25	創造性豊かな面倒見が良い王さま
26	応援される面倒見が良い王さま
27	運に恵まれる面倒見が良い王さま
28	気苦労が多い面倒見が良い王さま
29	独りよがりで面倒見が良い王さま
30	積極性のある面倒見が良い王さま
31	独自性の王さま

32	芸術性を発揮する独自性の王さま
33	援助される独自性の王さま
34	リーダーシップを発揮できる独自性の王さま
35	財に恵まれる独自性の王さま
36	インスピレーションの強い独自性の王さま
37	停滞しやすい独自性の王さま
38	我が道を行く独自性の王さま
39	孤高の王さま
40	信心深い孤高の王さま
41	援助される孤高の王さま
42	運のある孤高の王さま
43	謙虚すぎる孤高の王さま
44	アップダウンの多い孤高の王さま
45	意地っ張りで高の王さま
46	賢人
47	芸術性豊かな賢人
48	援助される賢人
49	幸運に恵まれる賢人
50	教え導く賢人
51	神経質な賢人
52	意固地な賢人
53	理屈っぽい賢人
54	ロマンティックな賢人
55	創造性豊かでロマンティックな賢人
56	援助されやすいロマンティックな賢人
57	幸運に恵まれるロマンティックな賢人
58	財運に恵まれるロマンティックな賢人
59	神経質でロマンティックな賢人
60	意固地でロマンティックな賢人
61	マイペースでロマンティックな賢人
62	分析力に長けた賢人

63	創造性と分析力に長けた賢人
64	援助の多い分析力に長けた賢人
65	ツキに恵まれる分析力に長けた賢人
66	財運に恵まれる分析力に長けた賢人
67	心配性で分析力に長けた賢人
68	理屈っぽく分析力に長けた賢人
69	智略に優れた賢人
70	クリエイティブで智略に優れた賢人
71	協力者の多い智略に優れた賢人
72	幸運で智略に優れた賢人
73	気苦労が多い智略に優れた賢人
74	意固地で智略に優れた賢人
75	理屈っぽい智略に優れた賢人
76	大統領
77	才能ある大統領
78	多くの人から援助される大統領
79	名声を得る大統領
80	富に恵まれる大統領
81	浪費家中去統領
82	停滞しがちな大統領
83	変動多い大統領
84	二面性を持つ大統領
85	博識で二面性を持つ大統領
86	援助される二面性を持つ大統領
87	名声を得る二面性を持つ大統領
88	消耗しがちな二面性を持つ大統領
89	波乱が起きやすい二面性を持つ大統領
90	変動が多い二面性を持つ大統領
91	勤勉な大統領
92	才能ある勤勉な大統領
93	援助される勤勉な大統領

94	名声を得る勤勉な大統領
95	財に恵まれる勤勉な大統領
96	消耗しがちな勤勉な大統領
97	波風が起きやすい勤勉な大統領
98	変動が多い勤勉な大統領
99	パワフルな大統領
100	才能あるパワフルな大統領
101	援助されるパワフルな大統領
102	名声を得るパワフルな大統領
103	富に恵まれるパワフルな大統領
104	浪費家のパワフルな大統領
105	変動が多いパワフルな大統領
106	大将軍
107	芸術を好む大将軍
108	協力者の多い大将軍
109	富貴を得られる大将軍
110	考えすぎの大将軍
111	独りよがりの大将軍
112	衝突の多い大将軍
113	富と名誉の大将軍
114	知的な富と名誉の大将軍
115	協力者の多い富と名誉の大将軍
116	富貴を全うする富と名誉の大将軍
117	権力と富と名誉の大将軍
118	悲嘆しやすい富と名誉の大将軍
119	衝突の多い富と名誉の大将軍
120	大器晩成の大将軍
121	好奇心旺盛な大器晩成の大将軍
122	援助を受ける大器晩成の大将軍
123	富を得られる大器晩成の大将軍
124	悲嘆しやすい大器晩成の大将軍

125	独りよがりで大器晩成の大将軍
126	衝突の多い大器晩成の大将軍
127	面倒見の良い大将軍
128	知的で面倒見の良い大将軍
129	援助を受ける面倒見の良い大将軍
130	富貴を得られる面倒見の良い大将軍
131	財運に恵まれる面倒見の良い大将軍
132	悲嘆しやすい面倒見の良い大将軍
133	独りよがりの面倒見の良い大将軍
134	衝突の多い面倒見の良い大将軍
135	激烈な大将軍
136	好奇心旺盛で激烈な大将軍
137	援助を受ける激烈な大将軍
138	富貴を得られる激烈な大将軍
139	財に恵まれる激烈な大将軍
140	悲嘆しやすい激烈な大将軍
141	独りよがりの激烈な大将軍
142	衝突の多い激烈な大将軍
143	孤高の大将軍
144	才能ある孤高の大将軍
145	援助を受ける孤高の大将軍
146	富を得られる孤高の大将軍
147	財に恵まれる孤高の大将軍
148	悲嘆しやすい孤高の大将軍
149	停滞しやすい孤高の大将軍
150	衝突の多い犯高の大将軍
151	博愛人
152	クリエイティブな博愛人
153	援助される博愛人
154	運に恵まれる博愛人
155	財運豊かな博愛人

156	考えすぎる博愛人
157	決断を促される博愛人
158	猪突になりやすい博愛人
159	感性豊かな博愛人
160	聡明で感性豊かな博愛人
161	援助される感性豊かな博愛人
162	ツキに恵まれる感性豊かな博愛人
163	財運に恵まれる感性豊かな博愛人
164	考えすぎる感性豊かな博愛人
165	実直すぎる感性豊かな博愛人
166	表現が苦手な博愛人
167	芸術性を持つ表現が苦手な博愛人
168	援助される表現が苦手な博愛人
169	ツキがある表現が苦手な博愛人
170	考えすぎて表現が苦手な博愛人
171	溜め込みやすく表現が苦手な博愛人
172	波風が起きやすい表現が苦手な博愛人
173	指導力を発揮する博愛人
174	聡明で指導力を発揮する博愛人
175	協力者の多い指導力を発揮する博愛人
176	ツキに恵まれる指導力を発揮する博愛人
177	財運に恵まれる指導力を発揮する博愛人
178	考えすぎる指導力を発揮する博愛人
179	波風が起きやすい指導力を発揮する博愛人
180	猪突になりやすい指導力を発揮する博愛人
181	親分
182	芸術を愛する親分
183	周囲に愛される親分
184	ツキに恵まれる親分
185	金持ちな親分
186	悲観的な親分

187	波乱が起きやすい親分
188	波乱万丈な親分
189	富貴な親分
190	芸術を愛す高貴な親分
191	協力者の多い富貴な親分
192	運のある富貴な親分
193	悲観的になりやすい富貴な親分
194	悲嘆しやすい富貴な親分
195	挫折しやすい富貴な親分
196	起伏が激しい親分
197	芸術を好む起伏が激しい親分
198	異性の援助がある起伏が激しい親分
199	運に助けられる起伏が激しい親分
200	財に恵まれる起伏が激しい親分
201	酒色好きで起伏が激しい親分
202	頑固で起伏が激しい親分
203	冒険好きな起伏が激しい親分
204	面倒見の良い親分
205	才能を持つ面倒見の良い親分
206	援助される面倒見の良い親分
207	ツキに恵まれる面倒見の良い親分
208	富を得られる面倒見の良い親分
209	考えすぎてしまう面倒見の良い親分
210	猪突になりやすい面倒見の良い親分
211	冒険心に富む親分
212	クリエイティブで冒険心に富む親分
213	協力者が多い冒険心に富む親分
214	ツキに恵まれる冒険心に富む親分
215	悩み多き冒険心に富む親分
216	波乱が起きやすい冒険心に富む親分
217	独善的で冒険心に富む親分

218	独特な個性の親分
219	芸術的で独特な個性の親分
220	援助される独特な個性の親分
221	運を掴む独特な個性の親分
222	財運のある独特な個性の親分
223	考えすぎる独特な個性の親分
224	衝動的で独特な個性の親分
225	皇后
226	芸術を好む皇后
227	人望ある皇后
228	幸運に恵まれる皇后
229	富貴な皇后
230	諦めやすい皇后
231	惰性に流される皇后
232	悩み多き皇后
233	巫女
234	芸術性に優れた巫女
235	援助される巫女
236	運に恵まれる巫女
237	富貴を得られる巫女
238	神経質な巫女
239	酒色を好む巫女
240	幻想を彷徨う巫女
241	ハンター
242	多芸多才なハンター
243	異性に応援されるハンター
244	ツキに恵まれるハンター
245	富に恵まれるハンター
246	損失の多いハンター
247	強情なハンター
248	傷だらけのハンター

249	研究家
250	芸術芸能に長けた研究家
251	敵を作らない研究家
252	ツキのある研究家
253	財運のある研究家
254	神秘的なことに惹かれる研究家
255	優柔不断な研究家
256	せっかちな研究家
257	奉仕家
258	聡明な奉仕家
259	多くの人から慕われる奉仕家
260	運と徳を持つ奉仕家
261	財運豊かな奉仕家
262	考えすぎる奉仕家
263	自己犠牲になりすぎる奉仕家
264	空回りが多い奉仕家
265	統率者
266	多彩な才能を持つ統率者
267	援助の多い統率者
268	引き立てられる統率者
269	財運豊かな統率者
270	悲観的になりやすい統率者
271	起伏の激しい統率者
272	七転び八起きの統率者
273	突撃隊長
274	頭脳明晰な突撃隊長
275	友人に恵まれる突撃隊長
276	ツキを持つ突撃隊長
277	財に恵まれる突撃隊長
278	短絡的な突撃隊長
279	喜怒哀楽が激しい突撃隊長

280	独善的な突撃隊長
281	変革者
282	クリエイティブな変革者
283	友人に恵まれる変革者
284	チャンスを掴む変革者
285	財運のある変革者
286	挫折を味わいやすい変革者
287	停滞しがちな変革者
288	苦悩が多い変革者
	その他のキャスト
289	アーティスト
290	クリエイター
291	協力者
292	助言者
293	ラッキー姉貴人
294	ラッキー味貴人
295	教授
296	剣士
297	頑固者
298	風雲児
299	刺客
300	悲観者
301	妄想家
302	フウテン
303	花魁
304	布袋さん
305	リーダー
306	学問オタク
307	デビル

著者プロフィール

天河 りえ（あめかわ りえ）

フューチャリスト。
一般社団法人Master of Life協会代表理事。NE運命解析学創始者。未来塾主宰。

治療師の国家資格取得後、高校野球、実業団などスポーツチームのメンタル&ボディトレーナーとして携わる。その後、様々なセラピーやスキル、運命学、ボディーワークを習得、2万人以上のカウンセリング、ヒーリング、コーチング、鑑定を行う。その過程で、新たな時代の潮流を読み解く、深淵な宇宙法則を研究した理論に出逢い、驚きと共に深く感銘、今までやってきたことを2007年には、一旦、全て手放して、研究主体の生活を始める。社会の枠組みから出た視点で、世の中の変化を観察して過ごす。その中で得た、老子の言う生き方の神髄、世の中の仕組みの裏側、釈迦の時代から変わらない人間を苦しめる思考の構造、これからの時代の生き方など、様々な深い本質を自らの実体験で理解する。2014年、Master of Life協会を設立。シフトしていく新たな時代に人々が適合し、しあわせになる為の理論「宇宙人生理論」の考え方をベースに、自分の運命プログラムを知り、運命をレベルアップする為の「NE運命解析学®」を構築。2016年より本格的にプロのNE運命解析士養成講座をスタート。その他、未来塾や各種ワークショップ、体験型のイベントも行う。

地球大転換時代の生き方とＮＥ運命解析学

2020年８月15日　初版第１刷発行
2020年10月30日　初版第３刷発行

著　者　天河 りえ
発行者　瓜谷 綱延
発行所　株式会社文芸社
〒160-0022　東京都新宿区新宿１－10－１
電話　03-5369-3060（代表）
03-5369-2299（販売）

印刷所　神谷印刷株式会社

ISBN978-4-286-21739-0